병음 발음

병음	발음	병음	발음	병음	발음	병음	발음
b	bo (보어)	p	po (포어)	m	mo (모어)	f	fo (훠어)
d	de (드어)	t	te (트어)	n	ne (느어)	l	le (르어)
g	ge (그어)	k	ke (크어)	h	he (흐어)		
j	ji (지)	q	qi (치)	x	xi (시)		
z	zi (쯔)	c	ci (츠)	s	si (스)		
zh	zhi (쯔)	ch	chi (츠)	sh	shi (스)	r	ri (르)

운모 발음

단운모	결합운모			
a (아아~)	ao (아오~)	ai (아이~)	an (안~)	ang (앙~)
o (오어~)	ou (오우~)	ong (옹~)		
e (으어~)	ei (에이~)	en (언~)	eng (엉~)	er (얼~)
i (이~)	ia (이아~)	ian (이안~)	iang (이앙~)	iao (이아오~)
	in (인~)	ing (잉~)		
	iou (이오우~)	iong (이옹~)	ie (이에~)	
	ua (우아~)	uo (우오~)	uai (우아이~)	uei (우에이~)
u (우~)	uan (우안~)	uen (우언~)	uang (우앙~)	ueng (우엉~)
ü (위~)	üe (위으어~)	üan (위앤~)	ün (윈~)	

중국어 성조

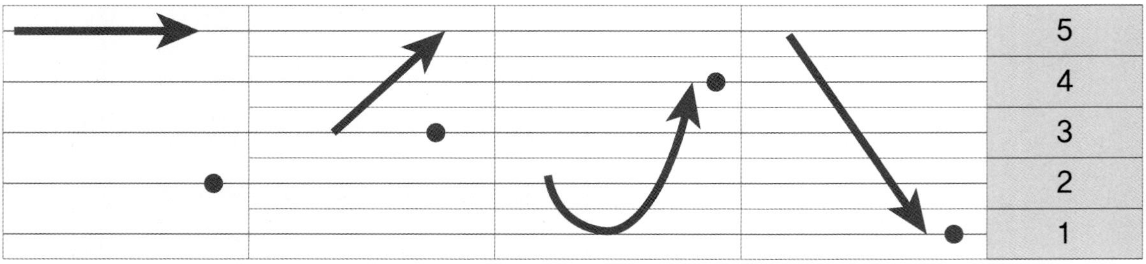

māma	yéye	nǎinai	bàba
妈妈	爷爷	奶奶	爸爸
엄마	할아버지	할머니	아빠

숫자

	병음	발음
一	yī	1 (일, 하나)
二	èr	2 (이, 둘)
三	sān	3 (삼, 셋)
四	sì	4 (사, 넷)
五	wǔ	5 (오, 다섯)
六	liù	6 (육, 여섯)
七	qī	7 (칠, 일곱)
八	bā	8 (팔, 여덟)
九	jiǔ	9 (구, 아홉)
十	shí	10 (십, 열)
百	bǎi	100 (백)
千	qiān	1000 (천)
萬	wàn	10000 (만)

시간

	병음	발음
早上	zǎo shàng	아침
中午	zhōng wǔ	점심
晚上	wǎn shàng	저녁
上午	shàng wǔ	오전
下午	xià wǔ	오후
夜晚	yè wǎn	야간
分钟	fēnzhōng	분
点	diǎn	시
天	tiān	날

날 (명사)

	병음	발음		병음	발음
大前天	dàqiántiān	그끄저께	前天	qiántiān	그저께
昨天	zuótiān	어제	今天	jīntiān	오늘
明天	míngtiān	내일	后天	hòutiān	모레
大后天	dàhòutiān	글피			

Essential Chinese For beauty salon

에센스

뷰티 중국어

박초희 · 한지수

메디시언

머리말

세계적으로 K-beauty의 영향이 크게 미치면서 제2외국어를 비롯하여 제3외국어가 필요한 시대가 도래했습니다. 뷰티라는 분야는 아름다움을 추구하는 패러다임 안에서 하나의 학문으로 확실하게 자리 잡았고, 한류 열풍과 함께 그 영역과 활동 범위가 확대되었습니다. 이에 따라 미용인들에게 실용 중국어의 필요성이 크게 대두되고 있습니다.

따라서 이 책은 우선적으로 낯선 언어를 배우기 위해 필수적인 발음부터 익혀 초보자들도 쉽게 다가갈 수 있도록 하였고, 우리 미용인들이 중국 진출 시 꼭 필요한 기초 중국어 회화를 익힐 수 있도록 하였습니다.

또한 전문 분야인 뷰티를 헤어, 메이크업, 피부로 나누어 뷰티 계열에 종사하고자 하는 사람들이 잘 적응할 수 있도록 가장 많이 사용하는 문장을 이용하여 회화로 구성하였습니다. 부록에서는 미용에 필요한 색표를 수록하였습니다.

이 책을 통해 미용 중국어에 대한 표준 교육 지침의 발판이 되기를 바랍니다.

끝으로 이 책의 출간을 위해 큰 도움을 준 성신여대 뷰티산업학과 진세가 학생과 산동 청년정치대학 교환 학생들에게 감사하며, 중국에서 책의 감수를 맡아 주신 왕모모(王墨娟) 선생님께도 깊은 감사를 전합니다. 그리고 (주)지구문화사/메디시언 임직원들의 수고에 깊은 감사를 드립니다.

경자년 새해에

필자 대표

차례

Contents

차례

부록

Chapter 1. 기초 중국어

1. 인사
2. 감사 표현
3. 초면 대화
4. 소개
5. 오랜만의 만남
6. 헤어질 때 표현
7. 사과 표현
8. 축하 표현

Chapter 01.

기초 중국어

jī chǔ hàn yǔ

1. 인사

(1) 아침, 낮, 저녁

你好.
nǐ hǎo.
안녕하세요?

晚上好.
wǎn shāng hǎo.
안녕하세요? (저녁인사)

早上好.
zǎo shāng hǎo.
좋은 아침입니다.

你吃饭了吗?
nǐ chī fàn lē mā?
식사는 하셨어요?

再见.
zài jiàn.
안녕히 가세요.

晚安.
wǎn'ān.
안녕히 주무세요.

(2) 일상

你去哪里? nǐ qù nǎ lǐ?	어디에 가세요?
你去做什么? nǐ qù zuò shén mè?	가서 뭐 하시나요?
一起吃饭吗? yì qǐ chī fàn mā?	함께 식사하실래요?
原来你在这里. yuán laí nǐ zaì zhè li.	여기에 계셨군요.
你来得正好. nǐ laí dē zhèng hǎo.	마침 잘 오셨습니다.
这是什么? zhè shì shén mē?	이것은 무엇입니까?
你回来了. nǐ huí laí lē.	잘 다녀오셨어요.
今天忙吗? jīn tiān máng ma?	오늘 바쁘세요?

(3) 계절

从现在开始很热. cóng xiàn zài kāi shǐ hěn rè.	진짜 더위는 이제부터에요.
天气真凉. tīan qì zhēn liáng.	날씨가 참 서늘하네요.
秋天来了, 秋叶红了. qiū tiān lái le qiū yè hóng le	가을이 오니 단풍이 들었네요.
已经冬天了. yǐ jīng dōng tīan le.	벌써 겨울이네요.

雪下了一夜.
xǔe xìa le yī yè.

밤새 눈이 내렸어요.

春天来了.
chūn tīan lái le.

봄이 왔어요.

(4) 날씨

天气很好吧?
tīan qì hěn hǎo ba?

날씨가 정말 좋죠?

今天风和日丽.
jīn tīan fēng hé rì lì.

오늘은 날씨가 화창하네요.

最近沙尘暴很严重.
zuì jìn shā chén bào hěn yán zhòng.

최근 황사가 심하네요.

好像下雨了.
hǎo xiàng xìa yǔ le.

비가 올 것 같아요.

今天真冷, 对吧?
jīn tiān zhēn lěng, duì ba?

오늘은 정말 춥네요, 그렇죠?

真热啊.
zhēn rè ā

정말 덥네요.

天气慢慢变冷了.
tiān qì màn màn biàn lěng le.

날씨가 슬슬 추워지고 있어요.

真冷啊.
zhēn lěng ā.

정말 춥네요.

结冰了, 要小心.
bīng lē yào xiǎo xīn.

빙판이니 조심하세요.

2. 감사 표현

(1) 고마움

谢谢(你). xiè xiè (nǐ).	감사합니다.
老师,谢谢. lǎo shī, xiè xiè.	선생님, 감사합니다.
非常感谢你帮我. fēi cháng gǎn xiè nǐ bāng wǒ.	도와주셔서 감사합니다.
非常感谢. fēi cháng gǎn xiè.	대단히 감사합니다.
辛苦了. xīn kǔ lē.	수고하셨습니다.
真心感谢. zhēn xīn gǎn xiè.	진심으로 감사합니다.
谢谢. 都是托大家的福. xiè xiè doū shì tuō dà jiā dē fú.	고맙습니다. 다 여러분의 덕분입니다.
帮了大忙 bāng lē dà máng.	큰 도움이 되었습니다.
你是我的恩人. nǐ shì wǒ dē ēn rén.	당신은 나의 은인입니다.
谢谢你的安慰. xiè xiè nǐ dē ān weì.	위로해 줘서 고마워요.
谢谢你关心我. xiè xiè nǐ guān xīn wǒ.	걱정해 주셔서 고맙습니다.
谢谢你给我勇气. xiè xiè nǐ gěi wǒ yǒng qì.	용기를 줘서 고마워요.

谢谢你亲切的关怀.
xiè xiè nǐ qīn qiè dē guān huái.

친절을 베풀어 주셔서 감사합니다.

谢谢你和我度过美好的时光.
xiè xiè nǐ hé wǒ dù guò meǐ haǒ dē shí guāng.

저와 함께 시간을 보내셔서 감사합니다.

我永远不会忘记你的好意.
wǒ yǒng yuǎn bú huì wàng jì nǐ de hǎo yì.

저는 영원히 당신의 호의를 잊을 수 없을 거에요.

3. 초면 대화

(1) 처음 만남

你好, 初次见面.
nǐ hǎo, chū cì jiàn maim.

안녕하세요, 처음 뵙겠습니다.

我来自我介绍一下.
wǒ lái zì wǒ jiè shào yí xià.

제 소개부터 하겠습니다.

请您多包涵.
qǐng nín duō bāo hán.

잘 부탁합니다

见到您很荣幸.
jiàn dào nín hěn róng xìng.

뵙게 되어 영광입니다.

我是来自韩国的○○○.
wǒ shì laí zì hán guó dē shuí ○○○.

저는 한국에서 온 ○○○입니다.

久仰您的大名.
jiǔ yǎng nín de dà míng.

전부터 들어서 잘 알고 있습니다.

久仰大名.
jiǔ yǎng dà míng.

말씀 많이 들었어요.

认识您非常开心.
rèn shì nín fēi cháng kāi xīn.

알게 되어 기쁩니다.

以后就拜托您了.
yǐ hoù jiù baì tuō nín lē.

앞으로 잘 부탁드립니다.

(2) 통성명

不好意思 你叫什么名字?
bú hǎo yì sī nǐ jiào shénme míng zì?

실례지만, 성함이 어떻게 되세요?

你姓什么?
nǐ xìng shénme?

성이 뭐에요?

我姓金.
wǒ xìng jīn

저의 성은 김입니다.

你叫什么名字?
nǐ jiào shénme míng zì?

당신의 이름은 무엇입니까?

我叫张军.
wǒ jiào zhāng jūn

저는 장군이라고 합니다.

我姓张, 叫英英.
wǒ xìng zhāng, jiào yīng yīng.

저는 성이 장이고, 영영이라고 합니다.

请你再说一遍.
qǐng nǐ zài shuō yī biàn.

다시 말씀해 주세요.

请写一下你名字.
qǐng xiě yì xià nǐ míng zì.

성함을 적어 주세요.

那位是谁?
nà wei shì shuí?

저 분은 누구십니까?

他的姓是什么?
tā dē xìng shì shén me?

그의 성은 무엇입니까?

他叫什么名字?
tā jiào shénme míng zì?

그의 이름은 무엇입니까?

他是谁?
tā shì shuí?

그는 누구입니까?

4. 소개

(1) 소개

我先自我介绍一下. wǒ xiān zì wǒ jiè shào yī xià.	먼저 제 소개를 하겠습니다.
我来介绍一下两位. wǒ laí jiè shào yī xià liǎng weì.	제가 두 분을 소개하겠습니다.
我来介绍一下. wǒ laí jiè shào yī xià.	제가 소개할게요.
相互认识一下. hù xiāng rèn shì yī xià.	서로 인사하세요.
这是我的同事姜老师. zhè shì wǒ dē tóng shì jiāng lǎo shī.	제 동료인 강 선생입니다.
这是我的同事张英. zhè shì wǒ dē tóng shì zhāng yīng.	제 동료인 장영입니다.
我是李诚楠这是我的朋友. wǒ shì lǐ chéng nán zhè shì wǒ de péng yǒu.	저는 이성남이고, 이쪽은 제 친구입니다.
这位是张薇, 这位是李珊. zhè wèi shì zhāng wēi, zhè wèi shì lǐ shān.	이 분은 장위이고, 이 분은 이산입니다.
这位是李老师从事美容行业. zhè weì shì lǐ lǎo shī cóng shì meǐ róng háng yè.	이 분은 이 선생인데, 미용업에 종사하십니다.

(2) 정보 교환

我在美容工作室工作. wǒ zài měi róng gōng zuò shì gōng zuò.	저는 미용 샵에 근무하고 있습니다.

我在 ○○○学校读书
wǒ zaì ○○○ xué xiào dú shū.

저는 ○○○ 학교에 다니고 있습니다.

我想跟你做好朋友.
wǒ xiǎng gēn nǐ zuò hǎo péng yǒu.

우리 좋은 친구가 되었으면 합니다.

故乡在哪里?
gù xiāng zaì nǎ lǐ?

고향이 어디세요?

我是韩国人.
wǒ shì hán guó rén.

저는 한국 사람입니다.

我是中国人.
wǒ shì zhōng guó rén.

저는 중국 사람입니다.

以后请多帮助我
yǐ hoù qǐng duō bāng zhù wǒ.

앞으로 많이 도와주세요.

5. 오랜만의 만남

(1) 근황

过的怎么样?
guò dē zěn mè yàng?

어떻게 지내세요?

跟以前一样.
gēn yǐ qián yī yàng.

여전히 마찬가지예요.

过得好吗?
guō dē hǎo mā?

잘 지내세요?

是的, 过得很好.
shì dē, guò dē hěn hǎo.

예, 잘 지냅니다.

没有特别的事吧?
meí yǒu tè bié dē shì bā?

별일 없으시지요?

您的工作怎么样?
nín dē gōng zuò zěn mè yàng?

사업은 여전히 잘 되시지요?

托您的福 工作很顺利.
tuō nǐn dē fú gōng zuòhěn shùn lì.
덕분에 만사가 순조롭습니다.

身体还好吗?
shēn tǐ haí haǒ mā?
건강은 어떠세요?

不太舒服.
bù taì shū fú.
별로 편하지 못합니다.

过得还可以.
guò de hái kě yǐ.
그럭저럭 지냅니다.

(2) 안부

家人都过得好吗?
jiā rén dōu guò dé hǎo ma?
가족 모두 안녕하시지요?

谢谢. 都很好.
xiè xiè, doū hěn hǎo.
감사합니다. 모두 잘 있어요.

带我向她转达问候.
daì wǒ xiàng tā zhuǎn dá wèn hoù.
저 대신 그녀에게 안부 전해 주세요.

向你的家人转达问候.
xiàng nǐ dē jiā rén zhuǎn dá wèn hòu.
당신 가족에게 안부 전해 주세요.

向母亲转达问候.
xiàng mǔ qīn zhuán dá wèn hòu.
어머니께 안부 전해 주세요.

(3) 오랜만의 만남

真的好久不见.
zhēn dē hǎo jiǔ bù jiàn.
정말 오랫동안 뵙지 못했네요.

几年没见了?
jǐ nián méi jiàn le?
몇 년 만이죠?

还是老样子!
haí shì lǎo yàng zī!
여전하군요!

好久不见,过得怎么样? hǎo jiǔ bù jiàn, guō dē zěn mè yàng?	오랜만이에요. 어떻게 지내세요?
想起很多回忆. xiǎng qǐ hěn duō huí yì.	생각이 많이 났어요.
你怎么来这里了? nǐ zěn me lái zhè lǐ le?	어떻게 여기에 오셨어요?
变了很多. biàn lē hěn duō.	많이 변하셨네요.
还在那里生活吗? haí zaì nà lǐ shēng huó mā?	아직 거기에 사세요?
我没想到在这里跟你见面. wǒ meí xiǎng dào zaì zhè lǐ gēn nǐ jiàn miàn.	여기서 당신을 만나리라고는 생각지도 못했어요.

(4) 우연한 만남

你是李玉梅对吧? nǐ shì lǐ yù meí duì bā?	리우메이 맞죠?
真想不到在这里见到你. zhēn xiǎng bú dào zài zhè lǐ jiàn dào nǐ.	여기서 당신을 만나다니 뜻밖이에요.
来这里有什么事吗? lái zhè lǐ yǒu shén mè shì mā?	여기에 어쩐 일로 오셨어요?

6. 헤어질 때 표현

(1) 헤어질 때

再见.
zaì jiàn
또 봐요.

一会儿见.
yī huì ér jiàn.
이따 봐요.

那么明天见吧.
nà me míng tiān jiàn ba.
그러면 내일 뵙겠습니다.

那么就在这里再见吧.
nà me jiù zài zhè lǐ zài jiàn ba.
그러면 여기서 작별인사 드릴게요.

如果没事的话我就先走了.
rú guǒ méi shì de huà wǒ jiù xiān zǒu le.
별 일 없으시다면, 저는 이만 가보겠습니다.

我先走了.
wǒ xiān zǒu le.
먼저 가겠습니다.

舍不得跟你说再见.
shě bú dé gēn nǐ shuō zài jiàn.
당신과 헤어지기 아쉽네요.

已经很晚了,应该走了.
yǐ jīng hěn wǎn le yīng gāi zǒu le.
이미 너무 늦었네요, 가야겠어요.

(2) 다음을 기약

经常联系吧.
jīng cháng lián xì ba
가끔 전화 주세요.

聊天聊得很愉快.
liáo tiān liáo dē hěn yú kuaì.
얘기 즐거웠어요.

以后在我家招待你.
yǐ hòu zài wǒ jiā zhāo dài nǐ.
나중에 저희 집으로 초대하고 싶어요.

下次见. 改天见
xià cì jiàn. gǎitiān jiàn
나중에 봐요. 다음에 봅시다.

以后有机会希望可以再见到你.
yǐ hòu yǒu jī huì xiī wàng kě yǐ zài jiàn dào nǐ.
나중에 기회가 있으면 다시 만날 수 있기를 바랍니다.

(3) 배웅

小心慢走.
xiǎo xīn màn zǒu.
조심히 가세요.

如果有时间的话常来吧.
rú guǒ yǒu shí jiān de huà cháng lái ba.
시간이 있으면 자주 오세요.

别送了.
bié sòng le.
배웅하실 것 없어요.

我不远送了.
wǒ bú yuǎn sòng le.
멀리 안 나갈게요.

以后再能见面就好了.
yǐ hòu zài néng jiàn miàn jiù hǎo le
나중에 다시 만났으면 좋겠어요.

希望您成功.
xī wàng nǐ chéng gōng.
성공을 빌겠습니다.

小心身体.
xiǎo xīn shēn tǐ.
몸조심 하세요.

7. 사과 표현

真对不起./ 不好意思.
zhēn duì bù qǐ./ bù hǎo yì sī.
정말 미안해요.

我做错了.
wǒ zuò cuò lē.
제가 잘못했어요.

麻烦您了.
má fàn nín lē.

폐가 많았습니다.

不好意思迟到了.
bù hǎo yì sī chí dào lē.

늦어서 미안합니다.

迟到了, 真对不起.
chí dào lē, zhēn duì bù qǐ.

늦게 왔네요. 정말 죄송합니다.

久等了对不起.
jiǔ děng lē duì bù qǐ.

오래 기다리게 해서 죄송합니다.

没及时回答您,对不起.
meí jí shí huì dá nín, duì bù qǐ.

더 일찍 답장을 못 드려서 죄송합니다.

占用您太久时间,对不起.
zhàn yòng nín taì jiǔ shí jiān, duì bù qǐ.

시간을 너무 많이 빼앗아 죄송합니다.

麻烦您了.
má fán nín le.

실례합니다.

打断您讲话, 不好意思.
dǎ duàn nín jiǎng huà bù hǎo yì sī.

말씀 중에 실례합니다.

不好意思, 认错人了.
bù hǎo yì sī, rèn cuò rén lē.

실례했습니다. 사람을 잘못 봤네요.

我说错了.
wǒ shuō cuò le.

제가 말실수를 했습니다.

因为失误向您道歉.
yīn weí shī wù xiàng nín dào qiàn.

실수에 대해 사과드립니다.

8. 축하 표현

(1) 축하

祝贺你.
zhù hè nǐ.

축하해요.

生日快乐. 생일 축하합니다.
shēng rì kuaì lè.

恭喜你找到好工作. 좋은 직장에 합격한 것을 축하합니다.
gōng xǐ nǐ zhǎo dào hǎo gōng zuò.

恭喜你升职. 승진을 축하합니다.
gōng xǐ nǐ shēng zhí.

恭喜毕业. 졸업을 축하합니다.
gōng xǐ bì yè.

(2) 행복 기원

祝你好运. 행운이 있기를 바랍니다.
zhù nǐ hǎo yùn.

祝你健康. 건강하기를 빕니다.
zhù nǐ jiàn kāng.

祝你平安归来. 무사히 잘 다녀오세요.
zhù nǐ píng ān guī laí.

祝你万事顺利. 만사형통하시길 바랍니다.
zhù nǐ wàn shì shùn lì.

祝你发财. 부자되십시오.
zhù nǐ fā cái.

祝你旅行愉快. 즐거운 여행이 되기를 바랍니다.
zhù nǐ lǚ xíng yú kuaì.

祝你事业成功. 사업이 성공하기를 바랍니다.
zhù nǐ shì yè chéng gōng.

祝你们俩永远幸福. 두 분 영원히 행복하세요.
zhù nǐ men liǎng yǒng yuǎn xìng fú.

新年快乐. 새해 복 많이 받으세요.
xīn nián kuaì lè.

祝您今年好事不断. 더 나은 해가 되길 바랍니다.
zhù nín jīn nián hǎo shì bú duàn.

Chapter 2. 모발 및 두피관리

Chapter
02.

모발 및 두피관리

(头发以及头皮管理, tóufa yǐjí tóupí guǎnlǐ)

1. 영업시간 문의(营业时间询问, yíng yè shí jiān xún wèn)

[Words and Expressions 2-1]

1.	美发店	měifàdiàn	*n.*	미용실
2	喂	wéi	*int.*	여보세요
3	营业	yíngyè	*n.*	영업
4	时间	shíjiān	*n.*	시간
5	时候	shíhou	*n.*	시간, 기간, 동안, 때
6	店	diàn	*n.*	상점, 가게
7	从...到	cóng…dào	*conj.*	~부터 ~까지
8	上午	shàngwǔ	*n.*	오전
9	下午	xiàwǔ	*n.*	오후
10	休息	xiūxi	*n./v.*	휴식, 휴양(하다), 휴무(이다)
11	特别	tèbié	*adj./adv.*	특별한, 특이한/특히, 아주
12	活动	huódòng	*n.*	운동, 행사, 활동
13	预约	yùyuē	*v.*	예약하다
14	负责	fùzé	*v.*	담당하다, 책임을 지다
15	造型师	zàoxíngshī	*n.*	스타일리스트
16	担心	dānxīn	*v.*	염려하다, 걱정하다

*经理[jīnglǐ] 매니저　　*顾客[gùkè] 고객

[Text 2-1] 营业时间询问(yíng yè shí jiān xún wèn)

经理: 谢谢. 是 Kelly美容室.
xiè xiè. shì Kelly měi róng shì.

顾客: 喂. 营业时间是什么时候?
wéi. yíng yè shí jiān shì shén me shí hòu?

经理: 我们店的营业时间是从星期一到星期六.
wǒ men diàn de yíng yè shí jiān shì cóng xīng qī yì dào xīng qī liù.
从上午九点到下午八点.
cóng shàng wǔ jiǔ diǎn dào xià wǔ bā diǎn.
每个星期天休息.
měi ge xīng qī tiān xiū xi.

顾客: 有什么特别的活动吗？
yǒu shén me tè bié de huó dòng ma?

经理: 是. 现在我们的美容室纪念开业七周年的活动中.
shì. xiàn zài wǒ men de měi róng shì jì niàn kāi yè qī zhōu nián de huó dòng zhōng.
作为特别活动, 烫发正在打折.
zuò wéi tè bié huó dòng, tàng fà zhàng zài dǎ zhé.
这个周上午九点到十二点之间烫发的话打九折.
zhè ge zhōu shàng wǔ jiǔ diǎn dào shí èr diǎn zhī jiān tàng fà de huà dǎ jiǔ zhē.

顾客: 是吗. 我想预约上午九点烫发.
shìma. wǒ xiǎng yù yuē shàngwǔ jiǔ diǎn tàng fà.

经理: 好的. 有没有为您负责的造型师?
hǎo de. yǒu méi yǒu wèi nín fù zé de zào xíng shī?

顾客: 没有.
méi yǒu.

经理: 不用担心. 我给您预约Michelle老师.
bú yòng dān xīn. wǒ gěi nín yù yuē Michelle lǎo shī.
Michelle 老师做的肯定好. 再确认一下日期和时间.
Michelle lǎo shī zuò de kěn ding hǎo. zài què rèn yí xià rì qī hé shí jiān.
明天早上九点预约了烫发, 对吧.
Míng tiān zǎo shàng jiǔ diǎn yù yuē le tàng fà, duì ba.

顾客: 是, 对的. 谢谢.
shì, duì de. xiè xiè.

经理: 那明天见吧.
nà míng tiān jiàn ba.

영업 시간 문의

매니저: 감사합니다. kelly 미용실입니다.

고　객: 여보세요. 영업시간이 언제인가요?

매니저: 저희 영업시간은 월요일부터 토요일입니다.

오전 9시부터 오후 8시까지입니다.

일요일은 매주 휴무입니다.

고　객: 특별 이벤트가 있나요?

매니저: 네. 현재 저희 미용실은 개점 7주년 기념 행사를 진행 중입니다.

특별 행사로 펌을 할인하고 있습니다.

이번 주 오전 9시에서 12시 사이에 펌을 하시면 가격의 10%를 할인해 드립니다.

고　객: 그렇군요. 내일 오전 9시에 펌 예약을 하고 싶습니다.

매니저: 네. 담당 스타일리스트가 있습니까?

고　객: 아니요, 없는데요.

매니저: 걱정마세요.제가 미셸 선생님으로 예약해 드리겠습니다.

미셸 선생님이 잘 해드릴 겁니다. 날짜와 시간을 다시 확인해 보겠습니다.

내일 아침 9시에 펌 예약 맞으시죠?

고　객: 네, 맞습니다. 고마워요.

매니저: 그럼 내일 뵙겠습니다.

2. 가격 문의 1(价格询问, jià gé xún wèn)

[Words and Expressions 2-2]

1.	烫发	tàngfà	*n.*	파마
2	多少	duōshǎo	*pron.*	얼마, 몇
3	做	zuò	*v.*	하다, 만들다, 행하다
4	样	yàng	*n.*	모양, 형상
5	要	yào	*v.*	요구하다, 원하다, ~해야 한다
6	陶瓷烫	táocítàng	*n.*	세팅 펌
7	请问	qǐngwèn		말 좀 묻겠습니다.
8	头发	tóufa	*n.*	머리카락, 두발
9	长度	chángdù	*n.*	길이
10	根据	gēnjù	*v.*	~에 따르다, ~한 근거에 의하다
11	溶液	róngyè	*n.*	용액
12	质量	zhìliàng	*n.*	질량, 품질
13	变	biàn	*v.*	~로 변하다, ~로 바뀌다
14	价格	jiàgé	*n.*	가격
15	中间	zhōngjiān	*n.*	가운데, 중간, 속
16	用	yòng	*v.*	쓰다, 사용하다, 필요하다
17	一般	yìbān	*adj.*	보통의, 일반의
18	的话	dehuà	*part.*	~한다면
19	可是	kěshì	*conj.*	하지만, 그러나
20	追加	zhuījiā	*v.*	추가하다
21	当然	dāngrán	*adv.*	당연히
22	低	dī	*adj.*	낮은

[Text 2-2] 价格询问 1(jià gé xún wèn)

经理: 谢谢. 是Kelly美容室.
xiè xiè. shì Kelly měi róng shì.

顾客: 你好. 烫发是多少钱?
nǐ hǎo. tàng fà shì duō shǎo qián?

经理: 想做什么样的烫发?
xiǎng zuò shén me yang de tàng fà?

顾客: 我要陶瓷烫.
wǒ yào táo cí tàng.

经理: 请问一下, 顾客的头发长度是多少?
qǐng wèn yí xià, gù kè de tóu fa cháng dù shì duō shǎo?

顾客: 接触肩膀的长度.
jiē chù jiān bang de cháng dù.
根据头发长度的不同, 价格也不一样?
gēn jù tóu fa cháng dù de bù tóng, jià gé yě bù yí yàng?

经理: 是. 根据头发长度和烫发膏的质量决定烫发的价格.
shì. gēn jù tóu fa cháng dù hé tang fà gāo de zhì liàng jue ding tang fà de jià gé.
顾客的头发是中长发.
gù kè de tóu fa shì zhōng cháng fa
对中长发用一般溶液的话价格是八万元.
duì zhōng cháng fa yòng yì bān róng yè de huà jià gé shì bā wàn yuán.
可是用最好的溶液的话追加一万元.
kě shì yòng zuì hǎo de róng yè zhuī jiā yí wàn yuán.
如果用低级溶液的话价格也当然变低.
rú guǒ yòng dī jí róng yè de huà jià gé yě dāng rán biàn dī.

가격 문의 1

매니저: 감사합니다. kelly 미용실입니다.

고　객: 안녕하세요. 펌은 얼마인가요?

매니저: 어떤 펌을 하실 건가요?

고　객: 세팅 펌이요.

매니저: 실례지만 고객님의 모발 길이가 어느 정도 되나요?

고　객: 어깨에 닿아요.

모발 길이에 따라 가격이 다른가요?

매니저: 네. 펌 가격은 모발 길이와 펌 용액의 품질에 따라 다릅니다.

고객님의 머리는 중간 길이이죠.

중간 길이에 일반 펌 용액을 사용하시면 가격은 8만 원입니다.

하지만 가장 좋은 품질의 용액을 사용하시면 1만 원 추가됩니다.

물론, 좀 더 낮은 등급을 사용하시면 가격도 더 낮아집니다.

3. 가격 문의 2(价格询问, jià gé xún wèn)

[Words and Expressions 2-3]

1	那么	nàme	*conj.*	그러면
2	包括	bāokuò	*v.*	포함하다
3	剪头发	jiǎnfà	*v.*	머리를 자르다, 이발하다
4	费用	fèiyòng	*n.*	비용, 지출
5	另外	lìngwài	*adv.*	별도로, 따로
6	支付	zhīfù	*v.*	지불하다, 지급하다
7	钱	qián	*n.*	돈
8	万元	wànyuán	*n.*	만 원
9	但是	dànshì	*conj.*	그러나, 하지만
10	只	zhī	*adv.*	단지, 오직
11	而且	érqiě	*conj.*	게다가, ~뿐만 아니라
12	老人	lǎorén	*n.*	노인
13	的话	dehuà	*aux.*	~하다면, ~이면
14	折	zhé	*v.*	손해보다, 깎다, 할인하다.
15	优惠	yōuhuì	*adj.*	특혜의, 우대의
16	告诉	gàosu	*v.*	알리다, 말하다
17	给	gěi	*v.*	~에게 주다

[Text 2-3] 价格询问 2(jià gé xún wèn)

顾客: 那么这是包括剪发费用的吗?
nà me zhè shì bāo kuò jiǎn fà fèi yòng de ma?

经理: 不是. 剪发要另外支付.
bú shì. jiǎn fà yào lìng wài zhī fù.

顾客: 剪发是多少钱?
jiǎn fà shì duō shǎo qián?

经理: 烫发时剪的话一万元.
tang fà shí jiǎn de huà yí wàn yuán.
但是, 这比只是剪更便宜.
dàn shì, zhè bǐ zhi shi jiǎn gèng pián yi.
而且学生或老人烫发的话, 给他们打9折的优惠.
ér qiě xué sheng huò lǎo shī tang fà de huà, gěi tā men dǎ jiǔ zhé de yōu huì.

顾客: 谢谢您告诉我. 再见.
xiè xiè nín gào su wǒ. zài jiàn.

经理: 谢谢您给我打电话. 再见.
xiè xiè nín gěi wǒ dǎ diàn huà. zài jiàn.

가격 문의 2

고 객: 그러면 그 가격은 커트 비용도 포함된 것입니까?

매니저: 아니요. 커트 가격은 따로 지불하셔야 합니다.

고 객: 커트 가격은 얼마인가요?

매니저: 펌을 할 때 커트를 하시면 만 원입니다.

그러나 일반 커트만 할 때보다 더 싼 가격입니다.

게다가 학생이나 노인 분들이 염색을 하는 경우는 10퍼센트 할인 혜택을 드리고 있습니다.

고 객: 네, 알려주셔서 고맙습니다. 안녕히 계세요.

매니저: 전화해 주셔서 감사합니다. 안녕히 계세요.

4. 예약(预定, yù dìng)

[Words and Expressions 2-4]

1	帮助	bāngzhù	*n./v.*	도움/ 돕다
2	喂	wéi	*Int.*	(전화상에서)여보세요
3	预定	yùdìng	*n./v.*	예약(하다)
4	指定	zhǐdìng	*v.*	지정하다
5	造型师	zàoxíngshī	*n.*	스타일리스트
6	老师	lǎoshī	*n.*	선생님
7	方便	fāngbiàn	*adj.*	편리한
8	早上	zǎoshang	*n.*	아침
9	晚上	wǎnshang	*n.*	저녁
10	空儿	kònger	*n.*	(남아 있는)시간, 여유
11	剪发	jiǎnfà	*v.*	머리를 깎다, 이발하다
12	染发	rǎnfà	*v.*	머리를 염색하다
13	都	dōu	*adv.*	모두, 전부, 다
14	其他	qítā	*pron.*	기타, 그 외
15	嗯	èng	*int.*	응. 그래
16	从	cóng	*prep.*	~로부터, ~에서
17	附近	fùjìn	*n./adj.*	근처, 부근/가까운, 인접한
18	地铁	dìtiě	*n.*	지하철
19	然后	ránhòu	*conj.*	그리고 나서
20	出口	chūkǒu	*n.*	출구
21	往	wǎng	*prep.*	~쪽으로, ~을 향해

* 江南站 [jiāngnánzhàn] 강남역

[Text 2-4] 染色预定(rǎn sè yù dìng)

经理: 谢谢您给Kelly美容室(造型室)打电话. 有什么需要帮助的吗?
xiè xiè nín gěi Kelly měi róng shì (zào xíng shì) dǎ diàn huà. yǒu shén me xū yào bang zhù de ma?

顾客: 喂? 我是Jolly夫人. 想要预定一下星期四来做头发.
wéi? wǒ shì Jolly fū rén. xiăng yào yù ding yíxià xīng qī sì lái zuò tóufà.

经理: 好的. 有指定的造型师吗?
hǎo de. yǒu zhǐ dìng de zào xíng shī ma?

顾客: Channel老师.
Channel lǎo shī

经理: 什么时候方便?
shén me shí hou fang biàn?

顾客: 下午一点怎么样?
xià wǔ yì diǎn zěn me yàng?

经理: 稍微等一下. 看看行不行.
shāo wēi děng yí xià. kàn kàn xíng bù xíng.
不好意思, Channel老师星期四下午预约已经满了.
bù hǎo yì si, channel lǎo shī xīng qī sì xià wǔ yù yuē yǐ jīng mǎn le.

顾客: 那么什么时候方便?
nà me shén me shí hou fang biàn?

经理: Channel老师早上十点和晚上七点有空儿.
Channel lǎo shī zǎo shàng shí diǎn hé wǎn shàng qī diǎn yǒu kòng er.

顾客: 十点也可以.
shí diǎn yě kě yǐ.

经理: 好的. 要做什么?
hǎo de, yào zuò shén me?

顾客: 剪发和染发.
jiǎn fā hé rǎnfā.

经理: 好. 星期四早上十点预约了剪发和染发.
hǎo. xīng qī sì zǎo shàng shí di van yù yuē le jiǎn fà hé tang fà.

顾客: 好的.
hǎo de.

经理: 都预定好了. 还有其他要帮您的吗?
dōu yù dìng hǎo le. hái yǒu qí tā yào bang nín de ma?

顾客: 嗯... 我怎么去您那边?
én... wǒ zěn me qù nín nàbiān?

经理: 您从哪里来？
nín cóng nǎ lǐ lái?

顾客: 从Yongsan坐地铁去.
cóng Yongsan zuò dì tiě qù.

经理: 我们的美发店在江南站附近.
wǒ men de měi fà diàn zài jiāng nán zhàn fù jìn.
坐二号线地铁来后, 在江南站下车.
zuò èr hào xiàn dì tiě lái hòu, zài jiāng nán zhàn xià chē.
然后从七号出口出来, 往左走就行.
rán hòu cóng qī hào chū kǒu chū lái, wǎng zuǒ zǒu jiù xíng.
可以看到粉红色的美容美发店.
kě yǐ kàn dào fěn hóng sè de měi róng měi fà diàn.

顾客: 哦, 知道了. 谢谢.
ò, zhī dào le. xiè xiè.

经理: 不客气. 那么星期四早上见吧.
bú kè qì. nà me xīng qī sì zǎo shàng jiàn ba.

顾客: 辛苦你了.
xīn kǔ nǐ le.

염색 예약

매니저: kelly 뷰티살롱에 전화 주셔서 감사합니다. 무엇을 도와드릴까요?

고 객: 여보세요? 저는 졸리부인인데요. 목요일로 예약해서 머리 하고 싶어요.

매니저: 그러세요. 담당 스타일리스트가 누구세요?

고 객: 샤넬 선생님인데요.

매니저: 언제가 좋으십니까?

고 객: 오후 1시쯤 어떠세요?

매니저: 잠깐 기다리세요. 가능한지 체크해 보겠습니다.

정말 죄송합니다만 샤넬 선생님은 목요일 오후 내내 예약이 꽉 찼는데요.

고 객: 그럼 언제가 좋을까요?

매니저: 아침 10시하고 저녁 7시에 샤넬 선생님의 예약이 비어 있습니다.

고 객: 10시도 괜찮아요.

매니저: 알겠습니다. 무엇을 하실 건가요?

고 객: 커트와 염색이요.

매니저: 네. 목요일 아침 10시 커트와 염색을 하시는 걸로 예약해 드리겠습니다.

고 객: 네

매니저: 네. 전부 끝났습니다. 더 도와드릴 사항은 없습니까?

고 객: 음... 거기 가려면 어떻게 해야 하나요?

매니저: 어디에서 오실 건가요?

고 객: 용산에서 지하철을 타고 갈 거예요.

매니저: 저희 살롱은 강남역 근처에 있습니다.

지하철 2호선을 타시고 강남역에서 내리세요.

그리고 7번 출구로 나와서 좌측 방향으로 걸어오시면 됩니다.

분홍색 뷰티 살롱 건물이 바로 보일 겁니다.

고 객: 오, 알겠습니다. 도와주셔서 감사합니다.

매니저: 별 말씀을요. 그럼 목요일 아침에 뵙겠습니다.

고 객: 수고하세요.

5. 첫 방문 1(首次访问 1, shǒu cì fang wèn)

[Words and Expressions 2-5]

1	欢迎光临	huān yíng guāng lín		어서 오세요, 환영합니다
2	见到	jiàndào	*v.*	목격하다, 만나다
3	位	wèi	*n.*	(사람을 높일 때 사용)분
4	专业	zhuānyè	*n.*	전공, 전문
5	今天	jīntiān	*n.*	오늘
6	对	duì	*v.*	맞다, 옳다
7	什么样	shénmeyàng	*pron.*	어떠한
8	太...了	tài	*adj.*	아주, 지나치게
9	长	cháng	*adj.*	(거리, 시간, 길이 등) 긴
10	短	duǎn	*adj.*	(거리, 시간, 길이 등) 짧은
11	一点(儿)	yìdiǎn(r)	*adv.*	조금
12	修	xiū	*v.*	수정하다, 꾸미다
13	头发	tóufa	*n.*	머리카락, 두발
14	发梢	fāshāo	*n.*	머리끝, 모발끝

[Text 2-5] 首次访问1(shǒu cì fang wèn)

经理: 欢迎光临. 有什么需要帮助的吗?
huān yíng guāng lín. yǒu shén me xū yào bang zhù de ma?

顾客: 我想剪发.
wǒ xiāng jiǎn fà.

经理: 好的. 我是美发店的经理金民貞. 见到您很高兴.
hǎo de. wǒ shì měi fà diàn de jīng lǐ kim min jung. jiàn dào nín hěn gāo xìng.

顾客: 我是Kate. 见到您我也很高兴.
wǒ shì Kate. jiàn dào nín wǒ yě hěn gāo xìng.

经理: 这位是Sam. 专业的剪发和烫发师.
zhè wèi shì Sam. zhuān yè de jiǎn fā hé tang fā shī.

Sam: 见到您很高兴. 今天想剪发对吗？想要什么样的发型？
jiàn dào nín hěn gāo xìng. jīng tiān xiǎng jiǎn fà duì ma? xiǎng yào shén me yang de fà xíng?

顾客: 头发太长了. 想剪短一点修一下下边的发梢.
tóu fa tài cháng le. xiǎng jiǎn duǎn yì diǎn xiū yí xià xià biān de fā shāo.

Sam: 好的.
hǎo de.

첫 방문 1

매니저: 어서 오세요. 무엇을 도와드릴까요?

고　객: 네, 머리 커트를 하려고 합니다.

매니저: 그러세요. 저는 이 미용실의 매니저 김민정이라고 합니다. 반갑습니다.

고　객: 저는 kate예요, 반갑습니다.

매니저: 이 분은 Sam입니다. 커트와 펌 전문가입니다.

Sam : 반갑습니다. 오늘은 커트를 하신다고요? 어떤 머리 형을 원하시나요?

고　객: 머리가 많이 길어서 커트하고 머리 끝을 다듬고 싶어요.

Sam : 알겠습니다.

6. 첫 방문 2(首次访问 2, shǒu cì fang wèn)

[Words and Expressions 2-6]

1	或者	huòzhě	*conj.*	혹은, 또는
2	朋友	péngyou	*n.*	친구
3	介绍	jièshào	*n./v.*	소개(하다), 추천(하다)
4	等	děng	*v.*	기다리다
5	就	jiù	*adv.*	곧, 즉시, 이미, 벌써
6	回来	huílái	*v.*	돌아오다
7	喝	hē	*v.*	마시다
8	咖啡	kāfēi	*n.*	커피
9	绿茶	lǜchá	*n.*	녹차
10	果汁	guǒzhī	*n.*	과일 주스, 과즙, 과즙음료
11	杂志	zázhì	*n.*	잡지
12	一边…一边…	yìbiān…yìbiān…		~하면서 ~하다

[Text 2-6] 首次访问2(shǒu cì fang wèn)

经理: 欢迎光临. 有什么需要帮助的吗?
huān yíng guāng lín. yǒu shén me xū yào bang zhù de ma?

顾客: 我想剪发.
wǒ xiǎng jiǎn fà.

经理: 好的. 我是美发店的经理김민정. 见到您很高兴.
hǎo de. wǒ shì měi fà diàn de jīng lǐ 김민정. jiàn dào nín hěn gāo xìng.

顾客: 我是Kate. 见到您我也很高兴.
wǒ shì Kate. jiàn dào nín wǒyě hěn gāo xìng.

经理: Edward Kim, Chanel Lee, Vivian Cho老师是专业的剪发师.
Edward Kim, Chanel Lee, Vivian Cho lǎo shī shì zhuān yè de jiǎn fā shī.
Jack Hong老师是 专业的烫发师.
Jack Hong lǎo shī shì zhuān yè de tang fā shī.
或者有没有您想指定的设计师?
huò zhě yǒu méi yǒu nín xiǎng zhǐ dìng de shè jì shī?

顾客: 嗯... 我的朋友给我介绍了Chanel Lee老师.
én... wǒdepéngyougěiwǒjièshàole Channel Lee lǎoshī.

经理: Chanel Lee老师等五分就回来. 可以稍微等一下吗?
Chanel Lee lǎo shī děng wǔ fēn jiù huí lái. kě yǐ shāo wēi děng yī xià ma?

顾客: 可以.
kě yǐ.

经理: 需要喝点儿什么?
xū yào hē diǎn ér shén me?
咖啡, 绿茶还有果汁您要什么?
kāfēi, lù chá hái yǒu guǒ zhī nín yào shén me?

顾客: 要咖啡.
yào kā fēi.

经理: 好, 知道了. 这儿有杂志, 一边看一边等吧.
hǎo, zhī dào le. zhè er yǒu zá zhì, yì biān kàn yì biān děng ba.

顾客: 谢谢.
xiè xiè.

첫 방문 2

매니저: 어서 오세요. 무엇을 도와드릴까요?

고　객: 네, 머리 커트를 하려고 합니다.

매니저: 그러세요. 저는 이 미용실의 매니저 김민정이라고 합니다. 반갑습니다.

고　객: 저는 kate예요, 반갑습니다.

매니저: Edward Kim, Chanel Lee, Vivian Cho 선생님이 커트 전문이고,

Jack Hong 선생님은 펌 전문입니다.

혹시 원하는 디자이너가 있습니까?

고　객: 음... 제 친구가 Chanel Lee 선생님을 소개해 주셨습니다.

매니저: Chanel Lee 선생님은 5분 정도 후에 오실 수 있습니다.

잠시만 기다려 주시겠습니까?

고　객: 그럴게요.

매니저: 마실 것 좀 드릴까요? 커피와 녹차, 주스가 있는데 뭐가 좋으세요?

고　객: 커피요.

매니저: 네. 알겠습니다. 여기에 잡지가 있습니다. 보면서 편안히 기다려 주세요.

고　객: 고맙습니다.

7. 대기 시간(待机时间, dài jī shí jiān)

[Words and Expressions 2-7]

1	对不起	duìbuqǐ	*v.*	미안합니다
2	马上	mǎshàng	*adv.*	곧, 즉시
3	保管	bǎoguǎn	*v.*	보관하다
4	贵重品	guìzhòngpǐn	*n.*	귀중품
5	随身物品	suíshēnwùpǐn	*n.*	소지품
6	交给	jiāogěi	*v.*	~에게 맡기다, ~에게 건네주다
7	保管箱	bǎoguǎnxiāng	*n.*	보관함, 사물함
8	钥匙	yàoshi	*n.*	열쇠
9	号码	hàomǎ	*n.*	숫자, 번호
10	想要	xiǎngyào		~하려고 하다, 원하다
11	饮料	yǐnliào	*n.*	음료
12	哪	nǎ	*v./ adj.*	어느, 어느것
13	种	zhǒng	*n.*	종류
14	为	wèi	*v.*	하다, 만들다

[Text 2-7] 待机时间(dài jī shí jiān)

经理: 对不起顾客. 您的老师马上就要剪完了.
duì bu qǐ gù kè. nín de lǎo shī mǎ shàng jiù yào jiǎn wán le.
在这儿稍微等一下.
zài zhè er shāo wēi děng yí xià.

顾客: 好的.
hǎo de.

经理: 谢谢. 我们会保管您的贵重品.
xiè xiè. wǒ men huì bǎo guǎn nín de guì zhòng pǐn.
把随身物品交给我们好吗?
bǎ suí shēn wù pǐn jiāo gěi wǒ men hǎo ma?

顾客: 好的.
hǎo de.

经理: 顾客, 我给您保管. 这是保管箱钥匙.
gù kè, wo gěi nín bǎo guǎn. zhè shì bǎo guǎn xiāng yào shí.
保管箱号码是七号.
bǎo guǎn xiāng hào mǎshì qī hào.

顾客: 谢谢.
xiè xiè.

经理: 想要什么饮料?
xiǎng yào shén me yǐn liào?

顾客: 有哪种饮料?
yǒu nǎ zhǒng yǐn liào?

经理: 有果汁, 咖啡还有绿茶.
yǒu guǒ zhī, kā fēi hái yǒu lǜchá.

顾客: 我要凉绿茶.
wǒ yào liáng lǜchá.

经理: 好的. 我马上为您准备.
hǎo de. wǒ mǎ shàng wèi nín zhǔn bèi.
这边有杂志您可以边看边等.
zhè biān yǒu zá zhì nín kě yǐ biān kàn biān děng.

顾客: 谢谢.
xiè xiè.

经理: 不客气.
bú kè qi.

대기 시간

매니저: 고객님, 죄송합니다. 담당 디자이너가 이전 고객 시술을 마무리하는 중입니다.
여기서 잠시만 기다려 주시겠습니까?

고 객: 그러죠

매니저: 고맙습니다. 저희가 고객님의 귀중품을 보관해 드릴 수 있습니다.

소지품을 저희에게 맡기시겠습니까?

고 객: 네, 그러겠습니다.

매니저: 고객님, 제가 보관해 드리겠습니다. 여기 보관함 열쇠가 있습니다.

보관함 번호는 7번입니다.

고 객: 감사합니다.

매니저: 음료를 드시겠습니까?

고 객: 네, 무슨 종류의 음료가 있나요?

매니저: 주스, 커피 그리고 녹차가 있습니다.

고 객: 전 냉 녹차로 하겠습니다.

매니저: 네, 음료 바로 가지고 오겠습니다.

여기 기다리시는 동안 보실 잡지입니다.

고 객: 감사합니다.

매니저: 천만에요.

8. 결제 및 지불(结算及付款, jié suàn jí fù kuǎn)

[Words and Expressions 2-8]

1	做	zuò	*v.*	하다, 만들다, 제조하다
2	发型	fàxíng	*n.*	헤어스타일
3	这么	zhème	*pron.*	이러한, 이렇게
4	别的	biéde	*pron.*	다른 것
5	这儿	zhèr	*pron.*	여기
6	东西	dōngxi	*n.*	물건, 물품
7	麻烦	máfan	*adj.*	성가시다, 귀찮다
8	确认	quèrèn	*v.*	확인하다
9	现金	xiànjīn	*n.*	현금, 화폐
10	信用卡	xìnyòngkǎ	*n.*	신용 카드
11	方式	fāngshì	*n.*	방식, 방법
12	结算	jiésuàn	*n./v.*	결제(하다), 결산(하다)
13	分期	fēnqī	*v.*	분납하다, 할부하다
14	付款	fùkuǎn	*v.*	돈을 지불하다
15	一次性付款	yícìxìngfùkuǎn		일시불
16	账单	zhàngdān	*n.*	계산서
17	签名	qiānmíng	*n./v.*	사인(하다)/서명(하다)
18	名片	míngpiàn	*n.*	명함
19	随时	suíshí	*adv.*	수시로, 언제나

[Text 2-8] 结算及付款(jié suàn jí fù kuǎn)

经理: 今天做的发型您还满意吗?
jīn tiān zuò de fā xíng nín hái mǎn yì ma?

顾客: 很好. 谢谢.
hěn hǎo. xiè xiè.

经理: 您能这么说我很高兴. 还需要别的帮助吗?
nín néng zhè me shuō wǒ hěn gāo xìng. hái xū yào bié de bang zhù ma?

顾客: 没有.
méi yǒu.

经理: 请给我保管箱的钥匙.
qǐng gěi wǒbǎo guǎn xiāng hé de yào shi.

顾客: 在这儿.
zài zhè er.

经理: 这是您的东西. 麻烦您确认一下.
zhè shì nín de dōng xi. má fan nín què rèn yí xià.

顾客: 好的, 多少钱?
hǎo de, duō shao qián?

经理: 您今天剪发和管理头发了. 对吗? 一共五万元.
nín jīn tiān jiǎn fā hé zuò yíng yǎng le. duì ma? yí gong wǔ wàn yuán.
现金和信用卡中您要用什么方式结算?
xiàn jīn hé xìn yòng kǎ zhōng nín yào yòng shén me fāng shì jié suàn?

顾客: visa卡也可以吗?
visa kǎyě kě yǐ ma?

经理: 当然. 要分期付款吗?
dāng rán. yào fēn qī fù kuǎn ma?

顾客: 不用, 一次性付款就可以.
bú yòng. yí cì xìng fù kuǎn jiù kě yǐ.

经理: 好的. 请确认账单, 并在这儿签名.
hǎo de. qǐng què rèn zhàng dān, bìng zài zhè er qiān míng.

顾客: 谢谢.
xiè xiè.

经理: 这是我的名片. 如果您想预约, 可以随时给我打电话.
zhè shì wǒ de míng piàn. rú guǒ nín xiǎng yù yuē, kě yǐ suí shí gěi wǒ dǎ diàn huà.

顾客: 谢谢.
xiè xiè.

经理: 别客气. 下周见. 慢走.
bié kè qi. xià zhōu jiàn. mànzǒu.

顾客: 再见.
zài jiàn.

결제 및 지불

매니저: 오늘 헤어 스타일은 마음에 드십니까?

고　객: 너무 마음에 들어요. 고마워요.

매니저: 그렇게 말씀해 주시니 기쁩니다. 더 필요한 것은 없으십니까?

고　객: 네, 없어요.

매니저: 보관함 열쇠를 주시겠습니까?

고　객: 여기 있습니다.

매니저: 여기 고객님의 물건이 있습니다. 모든 물건이 그대로인지 확인해 보시겠습니까?

고　객: 다 그대로 있네요. 얼마죠?

매니저: 고객님은 오늘 커트와 머리 영양 관리를 하셨습니다. 맞으시죠?

모두 5만 원입니다. 계산은 현금과 신용 카드 중 어느 것으로 하시겠습니까?

고　객: 비자 카드도 되나요?

매니저: 물론이죠. 할부로 하시겠습니까?

고　객: 전 일시불로 하고 싶습니다.

매니저: 네, 알겠습니다. 계산서 확인하시고, 여기에 서명 부탁을 드립니다.

고　객: 감사합니다.

매니저: 이것은 제 명함입니다. 예약을 원하시면 언제든지 제게 전화 주세요.

고　객: 감사합니다.

매니저: 별 말씀을요. 다음 주에 뵙지요. 안녕히 가세요.

고　객: 안녕히 계세요.

9. 샴푸(洗头, xǐ tóu)

[Words and Expressions 2-9]

1	由	yóu	*prep.*	~로부터
2	服务	fúwù	*v.*	서비스하다, 일하다
3	请跟	qǐnggēn	*v.*	따라오세요
4	洗	xǐ	*v.*	씻다, 빨다, 제거하다
5	向后	xiànghòu	*adv.*	뒤로, 뒤쪽으로
6	慢慢地	mànmànde		천천히
7	躺下	tǎngxià	*v.*	눕다, 쓰러지다, 넘어지다
8	舒服	shūfu	*adj.*	편안한, 안락한
9	脖子	bózi	*n.*	목
10	有点(儿)	yǒu diǎn(r)	*adv.*	(부정적으로 많이 사용)조금, 약간
11	椅子	yǐzi	*n.*	의자
12	放低	fàngdī	*v.*	낮추다
13	毛巾	máojīn	*n.*	수건
14	遮	zhē	*v.*	덮다
15	脸	liǎn	*n.*	얼굴
16	水温	shuǐwēn	*n.*	수온, 물 온도
17	洗发水	xǐfàshuǐ	*n.*	샴푸
18	闭上	bìshang	*v.*	닫다, (입을) 다물다, (눈을) 감다
19	地方	dìfang	*n.*	장소, 부분, 부위
20	刘海	liúhǎi	*n.*	앞머리
21	痒	yǎng	*adj.*	가려운
22	用力	yònglì	*v.*	힘을 쓰다, 힘을 들이다, 노력하다
23	按摩	ànmó	*n./v.*	안마(하다)
24	遗漏	yílòu	*n./v.*	누락(하다), 빠뜨리다
25	冲	chōng	*v.*	(물로) 씻어내다
26	温	wēn	*adj.*	미지근한
27	包	bāo	*v.*	감싸다, 싸매다

[Text 2-9] 洗头(xǐ tóu)

美容师: 您好. 我是 Jane. 今天由我为您服务.
nín hǎo. wǒ shì Jane. jīn tiān yóu wǒ wèi nín fú wù.
先洗一下头发吧.
xiān xǐ yíxià tóufa ba.

顾　客: 你好, Jane.
nǐ hǎo, Jane.

美容师: 请跟我来这边洗头发吧.
qǐng gēn wǒ lái zhè biān xǐ tóu fa ba.

顾　客: 好.
hǎo.

美容师: 在这儿坐一下. 请向后慢慢地躺下. 舒服吗?
zài zhè er zuò yí xià. qǐng màn màn de tang xià. shū fu ma?

顾　客: 脖子有点儿不舒服.
bó zi yǒu diǎn er bù shū fu.

美容师: 那我把椅子放低一些. 现在好了吗?
nà wǒ bǎ yǐ zi fang dī yì xiē. xiān zài hǎo le ma?

顾　客: 好了, 可以用毛巾遮一下脸吗?
hǎo le, kě yǐ yòng máo jīn zhē yí xià jiǎn ma?

美容师: 好的. 现在给您试一下水温. 水温怎么样?
hǎo de. xiàn zài gěi nín shì yí xià shuǐ wēn. shuǐ wēn zěn me yàng?

顾　客: 正好(刚好). 谢谢.
zhèng hǎo(gang hǎo). xiè xiè.

美容师: 现在要用洗发水了. 请闭上眼睛. 有没有不舒服的地方?
xiān zài yào yòng xǐ fā shuǐ le. qǐng bì shàng yǎn jīng. Yǒu méi yǒu bù shū fu de dì fang?

顾　客: 刘海很痒. 能不能再用力按摩一下?
liú hǎi hěn yǎng. néng bù néng zài yòng lì àn mó yí xià?

美容师: 是的. 我还有遗漏的地方吗?
shì de. huò xǔ wǒ hái yǒu yí lòu de dì fang ma?

顾　客: 没有. 非常好. 谢谢.
méi yǒu. fēi cháng hǎo. xiè xiè.

美容师: 我给您冲个头发. 水温怎么样?
wǒ gěi nín chōng ge tóu fa. shuǐ wén zěn me yàng?

顾　客: 太温了.
tài wén le.

美容师: 现在怎么样?
xiān zài zěn me yàng?

顾　客: 现在好了. 谢谢.
xiàn zài hǎo le. xiè xiè

美容师: 好了洗完了. 我用毛巾给您包一下.
hǎo le xǐ wán liǎo. wǒ yòng máo jīn gěi nín bāo yí xià.

샴푸

미용사: 안녕하세요. 저는 샴푸 도우미 제인입니다.
머리부터 감도록 하겠습니다.

고　객: 반가워요, 제인.

미용사: 반갑습니다. 고객님, 샴푸실로 모시겠습니다.

고　객: 네.

미용사: 여기 앉아 주십시오. 뒤로 천천히 누워 주세요. 편안하십니까?

고　객: 목이 약간 불편하네요.

미용사: 그러면 의자를 조금 낮춰 드리겠습니다.이제 괜찮으신가요?

고　객: 네, 수건으로 얼굴을 좀 가려 주시겠습니까?

미용사: 그러겠습니다. 이제 머리에 물을 묻히겠습니다. 물 온도는 어떠신가요?

고　객: 아주 좋아요. 고마워요.

미용사: 이제 샴푸를 바르겠습니다. 눈을 감으십시오. 불편한 데는 없으신가요?

고　객: 앞머리 부분이 가렵습니다. 좀 더 세게 문질러 주시겠어요?

미용사: 네. 혹시 제가 빠트린 부분이 있습니까?

고　객: 아니요. 아주 좋습니다. 고마워요.

미용사: 머리를 이제 헹궈 드리겠습니다. 물 온도는 어떠십니까?

고　객: 너무 미지근하네요.

미용사: 지금은 어떠십니까?

고　객: 이제 괜찮아요. 고마워요.

미용사: 다 씻었습니다. 수건으로 말려 드리겠습니다.

10. 모발 관리(头发管理, tóu fà guǎn lǐ)

[Words and Expressions 2-10]

1	咨询	zīxún	*v.*	자문하다, 상의하다, 의논하다
2	啊	á	*int.*	(놀라거나 의외 시) 아!
3	头皮	tóupí	*n.*	두피, 비듬
4	干燥	gānzào	*adj.*	건조한
5	并且	bìngqiě	*conj.*	게다가, 또한, 동시에
6	生机	shēngjī	*n.*	활력, 생명력, 생기
7	非常	fēicháng	*adv.*	대단히, 매우, 심히
8	分岔	fēnchà	*v.*	갈라지다
9	所以	suǒyǐ	*conj.*	그래서, 그러므로
10	营养	yíngyǎng	*n./ v.*	영양(을 섭취하다)
11	使用	shǐyòng	*v.*	사용하다, 쓰다
12	护发	hùfà	*v.*	머릿결을 보호하다
13	产品	chǎnpǐn	*n.*	생산품, 제품
14	损伤	sǔnshāng	*n./ v.*	손상(되다)
15	推荐	tuījiàn	*v.*	추천하다
16	项目	xiàngmù	*n.*	항목, 종목, 사항
17	顺滑	shùnhuá	*adj.*	매끄러운, 찰랑거리는

[Text 2-10] 头发管理(tóu fà guǎn lǐ)

美容师: 您好. 有什么可以帮您的?
nín hǎo.yǒu shén me kě yǐ bang nín de?

顾　客: 我想咨询一下.
wǒ xiǎng zī xún yí xià.

美容师: 好的. 请坐. 先看一下头发.
hǎo de. qǐng zuò yí xià. xiān kàn yí xià tóu fa.
啊, 顾客的头发和头皮有点干燥. 并且没有生机.
a, nín de tóu fa hé tóu pí yǒu diǎn gān zào. bìng qiě tóu fa yě méi yǒu guāng zé.
什么时候做的头发?
shén me shí hòu zuò de tóu fa?

顾　客: 几天前染头发了, 但是新长的头发非常干燥而且有很多的分岔.
jǐ tiān qián rǎn tóu fa le, dàn shì xīn cháng de tóu fa fēi cháng gān zào ér qiě yǒu hěn duō de fēn chà.
所以想要给头发做个营养.
suǒ yǐ xiǎng yào gěi tóu fa zuò yíng yǎng.

美容师: 染发之后一定要使用特别的护发产品.
rǎn fā zhī hòu yí ding yāo shǐ yòng tè bié de hù fā chǎn pǐn.
上次用过吗?
shàng cì yòng guò ma?

顾　客: 没有. 只用了损伤毛发用的特别洗发水.
méi yǒu. zhǐ yòng le sǔn shāng máo fà yòng de tè bié xǐ fà shuǐ.
给我做个好一点的营养吧.
gěi wǒ zuò gè hǎo yì diǎn de yíng yang ba.

美容师: 好的. 我给您介绍几个头发护理的产品.
hǎo de. wǒ gěi nín jiè shào jǐ ge tóu fa hù lǐ de chǎn pǐn.
还有给您推荐我们美发店的特别护发项目.
hái yǒu gěi nín tuī jiàn wǒ men měi fà diàn de tè bié hù fà xiàng mù.
做护发管理后头发更顺滑.
zuò hù fā guǎn lǐ hòu tóu fa gèng shun huá.

顾　客: 那就太好了. 谢谢您给我咨询.
nà jiù tài hǎo le. xiè xiè nín gěi wǒ zī xún.

美容师: 不用客气.
bú yòng kè qì.

모발 관리

미용사: 안녕하세요. 오늘 기분은 어떠세요?

고　객: 좋습니다. 오늘은 모발 관리에 대해 상담을 받고 싶습니다.

미용사: 네, 여기 앉으세요. 모발을 한번 살펴보겠습니다.

아, 고객님 모발과 두피가 좀 건조하고 생기가 없네요.

언제 하신 머리에요?

고　객: 며칠 전에 모발 염색을 했는데 내 생각에 모발이 매우 건조하고 또한 끝이 많이 갈라졌어요.

그래서 모발 관리를 받아 보려고요.

미용사: 화학 시술을 하신 이후에는 꼭 특별 관리 제품을 사용해야 합니다.

전에 사용해 보신 적 있으신가요?

고　객: 아니오. 그냥 손상모발용 특별 샴푸를 사용해 왔습니다.

제게 맞는 좋은 모발 관리 제품을 추천해 주시겠어요?

미용사: 네, 몇몇 모발 관리 제품들을 보여드리고,

저희 살롱에 있는 특별 모발 관리 프로그램을 추천해 드리겠습니다.

관리를 받으신 후에는 분명히 고객님 머릿결이 훨씬 더 매끄러워질 겁니다.

고　객: 그러면 정말 좋겠네요. 상담해 주셔서 감사합니다.

미용사: 천만에요.

11. 비듬 관리(头皮屑管理, tóu pí xiè guǎn lǐ)

[Words and Expressions 2-11]

1	天气	tiānqì	*n.*	날씨, 일기
2	路上	lùshang	*n.*	길 가는 중, 도중, 길 위
3	风	fēng	*n.*	바람
4	好大	hǎodà	*adj.*	매우 큰, 대단히 큰
5	拿	ná	*v.*	잡다, 쥐다, 가지다
6	(雨)伞	(yǔ)sǎn	*n.*	우산
7	包	bāo	*n.*	가방
8	头皮屑	tóupíxiè	*n.*	비듬
9	治疗	zhìliáo	*n./ v.*	치료(하다)
10	大概	dàgài	*adj.*	대략적인
11	护发素	hùfàsù	*n.*	린스
12	首先	shǒuxiān	*adv.*	가장 먼저, 우선, 맨 먼저
13	设备	shèbèi	*n./ v.*	설비(하다)
14	适当	shìdàng	*adj.*	적절한, 알맞은

[Text 2–11] 头皮屑管理(tóu pí xiè guǎn lǐ)

美容师: 您好. 天气不好, 您来的路上辛苦了.
nín hǎo. tiān qì bù hǎo, nín lái de lù shàng xīn kǔ le.

顾　客: 是. 风也好大.
shì. fēng yě hǎo dà.

美容师: 我帮您拿伞. 3点有预约吗? 包也帮您保管.
wǒ bang nín ná sǎn. sān diǎn yǒu yù yuē ma? bāo yě bang nín bǎo guǎn.

顾　客: 好的. 谢谢. 最近有了很多头皮屑很不方便.
hǎo de. xiè xiè. zuì jìn yǒu le hěn duō tóu pí xiè hěn bú fang biàn.
今天能接受治疗的话就能好一些吧?
jīn tiān néng jiē shòu zhì liáo de huà jiù néng hǎo yì xiē ba?

美容师: 头皮屑管理应该接受大概一周的特别管理.
tóu pí xiè guǎn lǐ yīng gāi jiē shòu dà gài yì zhōu de tè bié guǎn lǐ.

顾　客: 我五点有约. 到五点能结束吗?
wǒ wǔ diǎn yǒu yuē. dào wǔ diǎn néng jié shù ma?

美容师: 可以. 我马上准备. 今天洗头发了吗?
kě yǐ. wǒ mǎ shāng zhǔn bèi. jīn tiān xǐ tóu fa ke ma?

顾　客: 用了上次在这儿买的损伤毛发的洗发水和护发素.
yòng le shàng cì zài zhè er mǎi de sǔn shāng máo fà de xǐ fà shuǐ hé hù fà sù.

美容师: 头皮管理在左边. 请到那边坐.
tóu pí guǎn lǐ zài zuǒ biān. qǐng dào nà biān zuò.

顾　客: 好.
hǎo.

美容师: 首先使用头皮管理设备对头皮屑进行确认.
shǒu xiān shǐ yòng tóu pí guǎn lǐ shè bèi duì tóu pí xiè jìn xíng què rèn.
其次, 将进行适当的管理.
qí cì, jiāng jìn xíng shì dàng de guǎn lǐ.

비듬 관리

미용사: 안녕하세요? 날씨도 안 좋은데 오시느라 고생 많으셨습니다.

고 객: 네. 바람까지 심하게 부네요.

미용사: 우산을 받아 드릴게요. 3시 예약이시죠? 가방도 맡아 드리겠습니다.

고 객: 네, 고맙습니다. 요즘 비듬이 많이 생겨서 불편해요.

오늘 관리를 받으면 좋아질까요?

미용사: 비듬 관리는 일주일 정도 특별 관리를 받으셔야 합니다.

고 객: 여섯 시에 약속이 있는데 그때까지는 끝낼 수 있을까요?

미용사: 네. 즉시 준비하겠습니다. 오늘 샴푸를 하셨습니까?

고 객: 네. 지난 번에 여기서 구입한 손상 모발용 샴푸와 린스를 사용했어요.

미용사: 왼쪽에 두피 관리기기가 있습니다. 그쪽으로 앉으세요.

고 객: 네.

미용사: 우선 두피 관리기기를 이용하여 비듬 상태를 확인한 다음에

적절한 관리를 실시하겠습니다.

12. 커트 & 스타일링 1(剪发和造型, jiǎn fā hé zào xíng)

[Words and Expressions 2-12]

1	容易	róngyì	*adj.*	쉬운, 용이한
2	打理	dǎlǐ	*v.*	정리하다, 처리하다
3	长发	chángfà	*n.*	긴 머리카락, 장발
4	造型	zàoxíng	*n.*	조형, 형상
5	照片	zhàopiàn	*n.*	사진
6	书	shū	*n.*	책
7	好像	hǎoxiàng	*adv.*	마치 ~와 같기에
8	适合	shìhé	*v.*	적합하다, 적절하다
9	方形	fāngxíng	*n.*	사각형
10	最好	zuìhǎo	*adj.*	가장 좋은
11	下巴	xiàba	*n.*	턱
12	周围	zhōuwéi	*n.*	주위, 주변
13	带来	dàilái	*v.*	가져오다, 일으키다, 야기하다
14	立体感	lìtǐgǎn	*n.*	입체감
15	更	gèng	*adv.*	더욱, 훨씬
16	选择	xuǎnzé	*n./ v.*	선택(하다)

[Text 2-12] 剪发和造型 1(jiǎn fā hé zào xíng)

顾　客: 我每天早上的时间不多.
wǒ měi tiān zǎo shàng de shí jiān bù duō.
所以想做容易打理的长发造型.
suǒ yǐ xiǎng zuò róng yì dǎ lǐ de cháng fà zào xíng.

美容师: 看一下这本发型照片书.
kàn yí xià zhè běn fà xíng zhào piàn shù

顾　客: 啊. 好的. 这个怎么样?
a. hǎo de. zhè ge zěn me yàng?

美容师: 这个是长发的发型, 所以容易管理.
zhè ge shì cháng fā de fā xíng, suǒyǐróng yì guǎn lǐ.
但是好像不太适合您. 您的脸有点偏方形.
dàn shì hǎo xiàng bú tài shì hé nín.nín de liǎn yǒu diǎn piān fāng xíng.
所以最好是能给下巴周围带来立体感发型更适合.
suǒ yǐ zuì hǎo shì néng gěi xià bā zhōu wéi dài lái lì tǐ gǎn.

顾　客: 那么这个呢. 适合我吗?
nà me zhè ge ne. shì hé wǒ ma?

美容师: 这个很好! 是非常好的选择.
zhè ge hěn hǎo! shì fēi cháng hǎo de xuǎn zé.

顾　客: 谢谢.
xiè xiè.

커트 & 스타일링 1

고　객: 저는 아침마다 시간이 많지 않아서 그러는데

관리하기 쉬운 긴머리 스타일을 하고 싶은데요.

미용사: 여기 스타일 사진집 좀 보시겠어요?

고　객: 네 그러죠. 이 스타일은 어떤가요?

미용사: 이 스타일은 길어서 관리하기 쉽긴 한데 고객님께 어울리진 않을 것 같습니다.

고객님은 얼굴이 정방형이라 턱 주위에 볼륨감을 줄 수 있는 스타일이 좋겠습니다.

고　객: 그럼 이 스타일은 어떤가요? 저에게 적절한가요?

미용사: 네, 탁월한 선택입니다.

고　객: 고마워요.

13. 커트 & 스타일링 2(剪发和造型, jiǎn fā hé zào xíng)

[Words and Expressions 2-13]

1	脸型	liǎnxíng	*n.*	얼굴형
2	看起来	kànqǐlái	*v.*	보아하니 ~하다, 보기에 ~하다
3	柔和	róu·hé	*adj.*	부드러운, 순한
4	轻巧	qīngqiǎo	*adj.*	가벼워 보이는, 경쾌한, 수월한
5	自己	zìjǐ	*pron.*	자기, 스스로, 자신
6	一直	yìzhí	*adv.*	계속, 줄곧, 똑바로
7	留	liú	*v.*	머무르다, 보존하다
8	维持	wéichí	*v.*	유지하다, 지키다, 돌보다
9	长度	chángdù	*n.*	길이
10	觉得	juéde	*v.*	~라고 생각하다, ~라고 느끼다
11	…来说	…láishuō		~로 말할 것 같으면
12	合适	héshì	*adj.*	적당한, 알맞는
13	其实	qíshí	*adv.*	사실적으로, 실질적으로
14	生日	shēngrì	*n.*	생일
15	生日快乐	sheng rì kuài lè		생일 축하합니다
16	喜欢	xǐhuan	*v.*	좋아하다

[Text 2-13] 剪发和造型 2(jiǎn fā hé zào xíng)

美容师: 这样的发型会让脸型看起来柔和.
zhè yang de fà xíng huì rang liǎn xìng kàn qǐ lái róu hé.
让头发看起来轻巧, 而且自己打理也会很方便.
rang tóu fa kàn qǐ lái qīng qǎo, ér qiě zì jǐ dǎ lǐ yě huì hěn fang biàn.

顾　客: 太好了. 那么我就做这个发型.
tài hǎo le. nà me wǒ jiù zuò zhè ge fà xíng.

美容师: 您会一直留头发吗?
nín huì yì zhí liú tóu fa ma?

顾　客: 大概只会维持这样的长度.
dà gài zhǐ huì wéi chí zhè yang de cháng dù.

美容师: 我也觉得对您来说这个长度很合适.
wǒ yě jué de duì nín lái shūo zhè ge cháng dù hěn hé shì.

顾　客: 剪完头发后, 可以给我做个造型吗?
jiǎn wán tóu fa hòu, kěyǐ gěi wǒ zuò gè zàoxíng ma?
其实今天晚上有晚会. 能做吗?
qì shí jīn tiān wǎn shàng yǒu wǎn huì. néng zuò ma?

美容师: 当然. 去什么晚会?
dāng rán. qù shén me wǎn huì?

顾　客: 是我的生日晚会.
shì wǒ de sheng rì wǎn huì.

美容师: 哇! 真的吗? 生日快乐.
wā! zhēn de ma? sheng rì kuài lè.
您有特别喜欢的发型吗?
nín yǒu tè bié xǐ huān de fā xíng ma?

顾　客: 我想要微卷地优雅地发型.
wǒ xiǎng yào wēi juǎn dì yōu yǎ de fā xíng.

美容师: 没问题. 今天的派对上会让你看到你的风采.
méi wèn tí. jīn tiān de pái duì shàng huì rang nǐ kàn dào nǐ de fēng cǎi.

顾　客: 谢谢.
xiè xiè.

美容师: 不客气.
bú kè qi

커트 & 스타일링 2

미용사: 이런 스타일은 얼굴형을 부드럽게 보이게 하지요.

또한 모발이 가벼워 보이게 하고, 혼자 관리하기도 편하실 거예요.

고 객: 괜찮은데요. 이 스타일로 하겠어요.

미용사: 머리를 계속 기르실 건가요?

고 객: 어깨 길이 정도로요.

미용사: 제 생각에도 고객님께는 어깨 길이가 잘 어울릴 거 같아요.

고 객: 머리를 자른 후에 특별한 자리에 어울리는 스타일로 드라이하고 싶은데요.

사실 오늘 저녁에 파티가 있거든요. 해주실 수 있겠어요?

미용사: 물론이죠. 무슨 파티에 가시나요?

고 객: 제 생일 파티예요.

미용사: 어머, 정말이세요? 생일 축하드려요.

특별히 하고 싶은 스타일 있으세요?

고 객: 약간 곱슬머리면서 우아한 스타일로 하고 싶습니다.

미용사: 문제 없습니다. 오늘 파티에서 돋보이실 수 있도록 해드릴게요.

고 객: 고마워요.

미용사: 천만에요.

14. 커트 & 스타일링 3(剪发和造型, jiǎn fā hé zào xíng)

[Words and Expressions 2-14]

1	还是	háishi	*adv.*	여전히, 아직도
2	卷	juǎn	*n.*	곱슬함
3	分叉	fēnchā	*n.*	모발이 상하여 끝이 여러 갈래로 갈라짐
4	希望	xīwàng	*n./v.*	희망(하다)
5	整齐	zhěngqí	*adj.*	단정한, 깔끔한
6	继续	jìxù	*n./v.*	계속(하다)
7	几	jǐ	*num.*	몇, 얼마나
8	厘米	límǐ	*m.*	센티미터
9	够	gòu	*adj.*	충분하다, 넉넉하다
10	总是	zǒngshì	*adv.*	항상, 언제나, 늘
11	习惯	xíguàn	*n./v.*	습관, 버릇/익숙해지다, 습관이 되다
12	贴	tiē	*v.*	붙이다, 바짝 붙다
13	保持	bǎochí	*v.*	유지하다, 지키다
14	掉	diào	*v.*	떨어지다, 빠뜨리다, 잃다
15	部分	bù·fen	*n.*	일부, 부분
16	烫	tàng	*v.*	파마하다, 데우다, 화상 입다

[Text 2-14] 剪发和造型 3(jiǎn fā hé zào xíng)

美容师: 您好. 我叫Kelly, 发型设计师. 今天预约了剪头发吧.
nín hǎo. wǒ jiào Kelly, fā xíng shè jì shī. jīn tiān yù yuē le jiǎn tóu fà ba.

顾　客: 是. 是的. 很高兴见到你.
shì. shì de. hěn gāo xìng jiàn dào nǐ.

美容师: 我也很高兴见到你. 今天想做什么发型?
wǒ yě hěn gāo xìng jiàn dào nǐ. jīn tiān xiǎng zùo shén me fà xíng?

顾　客: 头发还是很卷. 但是发梢很多分叉.
tóu fā hái shì hěn juǎn. dàn shì fā shāo hěn duō fēn chā.
所以希望把发梢修得整齐一点.
suǒ yǐ xī wàng bǎ fā shāo xiū dé zhěng qí yì diǎn.
但我还是想继续留长发. 剪几厘米好?
dàn wǒ hái shì xiǎng jù xù liú cháng fà. jiǎn jǐ lí mǐ hǎo?

美容师: 最好只剪两厘米.
zuì hǎo zhǐ jiǎn liǎng lí mǐ.
如果觉得不够的话, 可以再剪短一点.
rú guǒ jué de bú gòu de huà, kě yǐ zài jiǎn duǎn yì diǎn.
开始总是会觉得不习惯. 其实可以再剪一些, 但不能太贴头皮.
kāi shí zǒng shì huì jué de bù xí guàn. qíshí kěyǐ zài jiǎn yì xiē, dàn bù néng tài tiē tóu pí.
为了保持头发健康, 应该剪掉发梢.
wèi le bǎo chí tóu fa jiàn kāng. yīng gāi jiǎn diào fā shāo.

顾　客: 剪完头发后, 会剪掉很多烫发的部分.
jiǎn wán tóu fā hòu, huì jiǎn diào hěn duō tang fā de bù fen.
所以我想再烫一下.
suǒ yǐ wǒ xiǎng zài tang yí xià.

커트 & 스타일링 3

미용사: 안녕하세요. 저는 헤어 디자이너 켈리입니다. 오늘 머리 커트 예약하셨죠?

고 객: 네. 맞습니다. 만나서 반가워요.

미용사: 만나게 되어 저도 반갑습니다. 오늘 어떤 스타일로 하고 싶으세요?

고 객: 아직도 머리가 많이 곱슬거리기는 한데 머리끝이 많이 갈라졌어요.

그래서 머리를 가지런히 다듬어 주셨으면 합니다.

그래도, 긴 머리는 계속 유지하고 싶어요. 몇 인치 정도 자르면 좋을까요?

미용사: 가장 좋은 것은 2인치라고 할 수 있죠. 만약에 충분치 않다고 생각되시면 좀 더 짧게 자를 수도 있고요.

언제나 처음에는 좀 덜 자르는데, 왜냐하면 좀 더 자를 수는 있지만 다시 덧붙일 수는 없잖아요.

머리카락을 건강하게 유지하기 위해서는 갈라진 끝을 넉넉히 자르세요. 끝이 갈라진 머리카락을 제거하는 유일한 방법은 잘라내는 방법밖에 없습니다.

고 객: 머리를 자르고 나면 펌 머리가 많이 잘려 나갈 거예요.

그래서 펌도 다시 해야 하겠어요.

15. 퍼머넌트 웨이브 1(烫发, tàng fà)

[Words and Expressions 2-15]

1	知道	zhīdào	*v.*	알다, 깨닫다
2	留着	liú zhe	*v.*	하고 있다.
3	直发	zhífà	*n.*	직모, 생머리
4	赶	gǎn	*v.*	뒤쫓다, 따라가다
5	流行	liúxíng	*n./ v.*	유행(하다), 성행(하다)
6	自然	zìrán	*n./adj.*	자연(스러운)
7	页	yè	*n.*	페이지, 쪽
8	稍稍	shāoshāo	*adv.*	조금, 약간
9	松弛	sōngchí	*adj.*	늘어진, 느슨한
10	款式	kuǎnshì	*n.*	스타일, 타입
11	最	zuì	*adv.*	가장, 최고로
12	肯定	kěndìng	*adv.*	확실히, 틀림없이
13	期待	qīdài	*v.*	기대하다, 고대하다
14	效果	xiàoguǒ	*n.*	효과
15	慢慢(儿)	mànmàn(r)	*adv.*	천천히
16	卷发	juǎnfà	*n.*	곱슬머리
17	药膏	yàogāo	*n.*	연고, 약품
18	期间	qījiān	*n.*	기간, 시간

[Text 2-15] 烫发 1(tàng fà)

美容师: 您好. judy好久不见.
nín hǎo. judy hǎo jiǔ bú jiàn.

顾　客: 好久不见, 你过得怎么样?
hǎo jiǔ bú jiàn, nǐ guò de zěn me yàng?

美容师: 过得很好. 今天预约了烫发吧?
guò de hěn hǎo. jīn tiān yù yuē le tang fà ba?

顾　客: 对.
duì.

美容师: 今天想烫什么样的发型?
jīn tiān xiǎng tang shén me yàng de fà xíng?

顾　客: 你也知道, 我一直都是留着直发的.
nǐ yě zhī dào, wǒ yì zhí dōu shì liú zhe zhí fā de.
今天想赶个流行. 所以想换个自然的风格.
jīn tiān xiǎng gǎn ge liú xíng. suǒ yǐ huàn ge zì rán de fēng gé.

美容师: 好啊. 要看一下流行风格的照片吗?
hǎo a. yào kàn yí xià liú xíng fēng gé de zhào piàn ma?

顾　客: 好的. 我觉得这一页的第一个照片跟我很合适.
hǎo de. wǒ jué de zhè yí yè de dì yì ge zhào piàn gēn wǒ hěn hé shì.
稍稍松弛弯曲的这个风格. 怎么样?
shāo shāo song chí wān qū de zhè ge fēng gé. zěn me yàng?

美容师: 您选的很好.
nín xuǎn de hěn hǎo.
这个款式是自然的风格. 而且, 这是最近最流行的风格.
zhè ge kuǎn shì shì zì rán de fēng gé. ér qiě, zhè shì zuì jìn liú xíng de fēng gé.
肯定很适合您.
kěn ding hěn shìhé nín.

顾　客: 真的很期待做完之后的效果.
zhēn de hěn qī zuò wán zhī hòu de xiào guǒ.

美容师: 好. 给您准备烫发. 请稍等.
hǎo. gěi nín zhǔn bèi tang fā. qǐng shāo děng.

顾　客: 好的. 慢慢准备.
hǎo de. màn màn zhǔn bèi.

美容师: 我要先卷发. 然后再确认使用哪种药膏.
wǒ yào xiān juǎn fā. rán hòu zài què rèn shǐ yòng na zhǒng yào gāo.
如果这期间有什么不舒服, 请一定要告诉我.
rú guǒ zhè qī jiān yǒu shén me bù shū fu, qǐng yí ding yào gāo sù wǒ.

顾　客: 好的. 谢谢.
hǎo de. xiè xiè.

퍼머넌트 웨이브 1

미용사: 안녕하세요? 오랜만입니다, 주디 양.

고 객: 어떻게 지냈어요?

미용사: 덕분에 잘 지냈습니다. 오늘 펌 예약하셨죠?

고 객: 네

미용사: 오늘 어떤 스타일의 펌을 하고 싶으십니까?

고 객: 아시겠지만, 제가 그동안 늘 생머리만 해왔잖아요.

오늘은 뭔가 유행을 따르면서도 자연스러운 스타일로 바꾸고 싶어요.

미용사: 그러세요. 유행하는 스타일의 사진들을 한 번 보시겠습니까?

고 객: 네, 좋아요. 이 페이지의 첫 번째 사진이 저랑 잘 어울릴 거 같은데,

약간 늘어지고 꼬불거리는 컬의 이 스타일요. 어때요?

미용사: 고객님. 정말 잘 고르셨어요.

이 스타일은 자연스러운 동시에 최근 가장 유행하는 스타일입니다.

고객님께 아주 잘 어울릴 거예요.

고 객: 어떻게 보일지 정말 기대되는데요.

미용사: 좋아요. 펌 웨이브 준비를 하겠습니다. 편안히 기다려 주세요.

고 객: 네, 천천히 준비하세요.

미용사: 먼저 펌 로드로 말고 그 후에 펌 용액을 도포하겠습니다.

시술 중에 불편하시면 꼭 말씀해 주십시오.

고 객: 그러죠. 고마워요.

16. 퍼머넌트 웨이브 2(烫发, tàng fà)

[Words and Expressions 2-16]

1	涂上	tú·shang	*v.*	바르다
2	耳朵	ěr·duo	*n.*	귀
3	后面	hòumiàn	*n.*	뒤, 뒷부분
4	紧	jǐn	*adj.*	타이트한, 팽팽한
5	卷	juǎn	*v.*	말다, 말아 올리다
6	拉	lā	*v.*	당기다, 끌다
7	喷洒	pēnsǎ	*v.*	뿌리다, 살포하다
8	中和剂	zhōnghéjì	*n.*	중화제
9	纸巾	zhǐjīn	*n.*	티슈, 냅킨
10	流	liú	*v.*	흐르다
11	擦	cā	*v.*	(천·수건 등으로) 닦다
12	干净	gānjìng	*adj.*	깨끗한, 깔끔한
13	吹干	chuīgān	*v.*	바람을 쐬어 말리다
14	涂抹	túmǒ	*v.*	바르다, 칠하다
15	发胶	fàjiāo	*n.*	헤어스프레이
16	发蜡	fàlà	*n.*	포마드, 왁스
17	伸展	shēnzhǎn	*v.*	뻗다

[Text 2-16] 烫发2(tàng fà)

美容师: 卷发结束了. 给您涂上烫发膏. 没关系吧?
juǎn fà jié shù le. gěi nín tú shàng tang fā róng yè. méi guān xí ba?

顾　客: 我觉得耳朵后面的头发很紧.
wǒ jué de ěr duo hòu miàn de tóu fa hěn jǐn.

美容师: 对不起. 我再卷一下, 还紧吗?
duì bu qǐ. wǒ zài juǎn yí xià, hái jǐn ma?

顾　客: 没有. 现在好了. 谢谢.
méi yǒu. xiān zài hǎo le. xiè xiè.

美容师: 要喷洒中和剂. 保持30分钟.
yào pēn sǎ zhōng hé lì. bǎo chí sān shí fēn zhōng.

顾　客: 知道了. 可以给我纸巾吗?
zhī dào le. kě yǐ gěi wǒ zhǐ jīn ma?
中和剂好像流到我脖子上了.
zhōng hé jì hǎo xiàng liú dào wǒ bózi shàng le.

美容师: 我给您擦干净. 现在可以吗?
wǒ gěi nín cā gān jìng. xiān zài kě yǐ ma?

顾　客: 谢谢. 能告诉我怎么打理头发吗?
xiè xiè. néng gāo sù wǒ zěn me dǎ lǐ tóu fa ma?

美容师: 先用毛巾擦一擦, 吹干, 然后从发梢开始涂抹发胶.
xiān yòng máo jīn cā yì cā, chuī gān, rán hòu cóng fā shāo kāi shǐ tú mǒ fā jiāo.
而且可以用发蜡将头发向外伸展.
ér qiě kě yǐ yòng fā là jiāng tóu fa xiàng wài shēn zhǎn.

顾　客: 知道了. 真的很满意. 今天谢谢了.
zhī dào le. zhēn de hěn mǎn yì. jīn tiān xiè xiè le.

美容师: 不用谢.
búy òng xiè.

퍼머넌트 웨이브 2

미용사: 펌 말기가 끝났습니다. 펌 용액을 도포하겠습니다. 괜찮으십니까?

고　객: 제 생각엔 귀 뒤쪽 머리카락이 당기는 것 같아요.

미용사: 죄송합니다. 제가 다시 말아 드리겠습니다. 아직도 당기십니까?

고　객: 아니요. 이제 괜찮아요. 고마워요.

미용사: 중화제를 도포하겠습니다. 30분 정도 그대로 계세요.

고　객: 알겠어요. 티슈 좀 줄래요?

중화제가 제 목 위로 흐르는 것 같아요.

미용사: 제가 깨끗하게 닦아 드리겠습니다. 이제 괜찮으십니까?

고　객: 정말 맘에 들어요. 고마워요. 머리 관리는 어떻게 하는지 알려줄래요?

미용사: 수건으로 닦아서 말리고 젤을 모발 끝에서부터 바르세요.

또 왁스로 모발을 바깥으로 뻗치게 할 수도 있습니다.

고　객: 알겠어요. 정말 마음에 드네요. 오늘 고마워요.

미용사: 별말씀을요.

17. 퍼머넌트 웨이브 3(烫发, tàng fà)

[Words and Expressions 2-17]

1	毛发	máofà	*n.*	모발
2	多孔	duōkǒng	*n./ adj.*	다공(의)
3	那种	nàzhǒng	*pron.*	저러한 종류
4	没事	méishì	*v.*	괜찮다, 상관없다
5	感觉	gǎnjué	*n./v.*	감각, 느낌/느끼다
6	上次	shàngcì	*n.*	지난번, 전번
7	那样	nàyàng	*adv.*	그렇게
8	那么	nàme	*conj.*	그러면
9	情况	qíngkuàng	*n.*	상황, 정황, 형편, 사정
10	敏感	mǐngǎn	*adj.*	민감한, 예민한
11	戴	dài	*v.*	착용하다, 쓰다
12	电帽	diànmào	*n.*	전기 모자
13	蒸汽机	zhēngqìjī	*n.*	스티머
14	需要	xūyào	*n./ v.*	요구(되다), 필요(로 하다)

[Text 2-17] 烫发 3(tàng fà)

美容师: 您要什么样子的烫发?
nín yào shén me yang zi de tang fā?
顾　客: 想做大卷, 可以吗?
xiǎng zuò dà juǎn, kě yǐ ma?
美容师: 能. 但是因为顾客的毛发是多孔的, 所以那种发型不会保持太长时间.
néng. dàn shì yīn wèi gù kè de máo fà shì duō kǒng de, suǒ yǐ nà zhǒng fā xíng bú huì bǎo chí tài cháng shí jiān.
那样也没关系吗?
nà yang yě méi guān xi ma?
顾　客: 没事. 可以让它看起来是自然卷起来的感觉吗?
méi shì. kě yǐ rang tā kàn qǐ lái shì zì rán juǎn qǐ lái de gǎn jué ma?
美容师: 当然. 上次烫发是什么时候?
dāng rán. shàng cì tang fā shì shén me shí hou?
顾　客: 两个月前.
liǎng ge yuè qiàn.
美容师: 应该先做发质管理, 然后再做烫发.
yīng gài xiān zuò fā zhì guǎn lǐ, rán hòu zài zuò tang fā.
顾　客: 需要多长时间?
xū yào duō cháng shí jiān?
美容师: 大概两个小时. 可以吗?
dà gài liǎng ge xiǎo shí. kě yǐ ma?
顾　客: 可以. 那样做吧.
kě yǐ. nà yang zuò ba.
美容师: 来之前护发素做了吗?
lái zhí qiān hù fà sù zuò le ma?
顾　客: 是. 做了.
shì. zuò le.
美容师: 那么现在开帮您看一下头皮情况.
nà me xiān zài bang nín kàn yí xià tóu pí qíng kuàng.
顾　客: 头皮很敏感, 请不要戴电帽.
tóu pí hěn mǐn gǎn, qǐng bú yào dài diàn mào.
美容师: 是的. 我要使用蒸汽机. 没关系吧?
shì de. wǒ yào shǐ yòng zhēng qì jī. méi guān xi ba?
顾　客: 可以. 谢谢.
kě yǐ. xiè xiè
美容师: 不客气. 如有别的需要, 可以随时告诉我.
bú kè qi. rú yǒu bié dexū yào, kě yǐ suí shí gāo sù wǒ.
顾　客: 好的. 谢谢.
hǎo de. xiè xiè.

퍼머넌트 웨이브 3

미용사: 어떤 스타일의 펌을 원하세요?

고 객: 굵고 자연스러운 웨이브를 하고 싶은데 가능할까요?

미용사: 가능합니다. 그런데 고객 모발이 다공성이라 그런 스타일은 오래가지 않을 것 같은데요.

그래도 괜찮으십니까?

고 객: 괜찮아요. 자연스럽게 곱슬거리도록 해주실 수 있죠?

미용사: 그럼요. 펌을 마지막으로 한 것이 언제입니까?

고 객: 두 달 전이에요.

미용사: 머릿결 관리를 한 다음 펌 시술을 해야겠네요.

고 객: 시간은 어느 정도 걸릴까요?

미용사: 두 시간 정도 소요됩니다. 괜찮으세요?

고 객: 좋아요. 그렇게 해주세요.

미용사: 오시기 전에 린스를 하고 오셨습니까?

고 객: 네, 샴푸했어요.

미용사: 그러면 지금부터 클리닉을 하겠습니다.

고 객: 두피가 예민하니까 전기 모자는 사용하지 말아주세요.

미용사: 네. 스티머를 이용할 게요. 괜찮으시죠?

고 객: 네. 고마워요.

미용사: 천만에요. 필요한 것이 있으면 언제든지 말씀해 주십시오.

고 객: 네. 고맙습니다.

18. 염색 1(染色, rǎn sè)

[Words and Expressions 2-18]

1	染色	rǎnsè	*n./ v.*	염색(하다)
2	偏	piān	*adj.*	~한 편인, 편향된
3	瘦	shòu	*adj.*	마른
4	暖色	nuǎnsè	*n.*	따뜻한 색
5	头发色表	tóufasèbiǎo	*n.*	모발 견본 차트
6	一样	yíyàng	*n.*	동일하다
7	棕色	zōngsè	*n.*	갈색
8	系列	xìliè	*n.*	계열
9	金棕色	jīnzōngsè	*n.*	황금갈색
10	调	diào	*n.*	~톤
11	深	shēn	*adj.*	깊은, 진한
12	巧克力	qiǎokèlì	*v.*	초콜릿
13	适合	shìhé	*v.*	적합하다
14	浅	qiǎn	*adj.*	옅은, 얕은
15	淡黄	dànhuáng	*n.*	담황색, 옅은 황색
16	黄色	huángsè	*v.*	노랑
17	黑	hēi	*adj.*	검은, 어두운
18	橙色	chéngsè	*n.*	오렌지색, 등황색
19	搭配	dāpèi	*v.*	배합하다, 조합하다
20	试试	shìshi	*v.*	한번 해보다
21	亮点	liàngdiǎn	*n.*	하이라이트
22	栗色	lìsè	*n.*	밤색, 다갈색
23	最后	zuìhòu	*adj.*	최후의, 맨 마지막의
24	问题	wèntí	*n.*	문제, 질문
25	稍微	shāowēi	*v.*	조금

[Text 2-18] 染色 1(rǎn sè)

美容师: 您好. 最近过的好吗?
nín hǎo. zuì jìn guò de hǎo ma?

顾　客: 过得很好好. 今天想染色. 什么颜色适合我?
guò de hěn hǎo hǎo. jīn tiān xiǎng rǎn sè. shén me yán sè shì hè wǒ?

美容师: 您偏瘦, 适合暖色的头发.
nín piān shòu, shì hé nuǎn sè de tóu fa.
要不要看看头发色表?
yào bu yào kàn kàn tóu fa sè biǎo.

顾　客: 好的, 我想要像这个颜色一样棕色系列的.
hǎo de. wǒ xiǎng yào xiàng zhè ge yán sè yí yang zōng sè xì liè de.

美容师: 您选得很好.
nín xuǎn de hěn hǎo.
这个金棕色调的棕色或深巧克力色会很适合你.
zhè gè jīn zōng sè tiáo de zōng sè huò shēn qiǎo kè lì sè huì hěn shì hé nǐ.
如果你想要浅棕色, 金棕色, 淡黄色或浅黄色也可以.
rú guǒ nǐ xiǎng yào qiǎn zōng sè, jīn zōng sè, dàn huáng sè huò qiǎn huáng sè yě kě yǐ.
还有如果你想要黑棕色, 用橙色加重.
hái yǒu rú guǒ nǐ xiǎng yào hēi zōng sè, yòng chéng sè jiā zhòng.
那也是一种很好的搭配.
nà yě shì yī zhōng hěn hǎo de dā pèi.

顾　客: 想试试有金棕色亮点的栗色.
xiǎng shì shì yǒu jīn zōng sè liàng diǎn de lì sè.

美容师: 好的. 你最后一次染发是在什么时候?
hǎo de. nǐ zuì hòu yí cì rǎn fā shì zài shén me shí hou?

顾　客: 两个月前烫发了.
liǎng ge yuè qián tang fā le.

美容师: 是吗, 那么今天染发也没问题. 可以稍微等一下吗?
shì ma, nà me jīn tiān rǎn fā yě méi wè ntí. kě yǐ shāo wēi děng yí xià ma?
我要准备染发的东西.
wǒ yāo zhǔn bèi rǎn fā de dōng xi.

顾　客: 好的. 谢谢.
hǎo de. xiè xiè.

염색 1

미용사: 안녕하세요. 잘 지내셨어요?

고　객: 네, 잘 지냈어요. 오늘 염색하고 싶은데요. 무슨 색이 저랑 어울리겠어요?

미용사: 고객님이 좀 마른 체격이라서 따뜻한 색의 모발이 어울릴 것 같습니다.

모발 견본 차트 한 번 보시겠어요?

고　객: 네, 좋습니다. 이 색처럼 갈색 계열로 하고 싶어요.

미용사: 잘 고르셨어요.

고객님께는 여기 금갈색으로 악센트를 준 밤색 혹은 짙은 초콜릿 색이 잘 어울릴 거예요.

혹은 옅은 갈색을 원하신다면, 금갈색, 담황색 혹은 옅은 황토색도 괜찮고요.

만약 타오르는 주황색으로 악센트를 준 흑갈색을 원하신다면,

그것도 잘 어울리는 배합이 될 겁니다.

고　객: 금갈색 하이라이트가 있는 밤색으로 해보고 싶어요.

미용사: 잘 고르셨어요. 화학 시술을 받으셨던 마지막 때가 언제입니까?

고　객: 두달 전에 펌을 했습니다.

미용사: 네, 오늘 머리 염색을 해도 괜찮을 거예요.

조금 기다려 주시겠어요? 염색 준비를 하겠습니다.

고　객: 네, 감사합니다.

19. 염색 2 (染色, rǎn sè)

[Words and Expressions 2-19]

1	全部	quánbù	*n./ adj.*	전부(의), 전체(의)
2	烦恼	fánnǎo	*n./ adj.*	고민(하는), 고뇌(하는)
3	因为	yīnwèi	*conj.*	왜냐하면
4	显得	xiǎnde	*v.*	~인 것처럼 보이다
5	清新	qīngxīn	*adj.*	신선한, 산뜻한
6	亮	liàng	*adj.*	밝은, 환한
7	激活	jīhuó	*v.*	활성화하다
8	肤色	fūsè	*n.*	피부색
9	以外	yǐwài	*n.*	이외, 밖
10	金发	jīnfà	*n.*	금발머리
11	黑发	hēifà	*n.*	검은머리
12	黑色	hēisè	*n.*	흑색
13	更加	gèngjiā	*adv.*	더욱 더
14	活力	huólì	*n.*	활력, 생기, 원기, 활기

[Text 2-19] 染色 2(rǎn sè)

美容师: 欢迎光临. 您的脸色看起来很好呀!
huān yíng guāng rín. nín de liǎn sè kàn qǐ lái hěn hǎo ya.

顾　客: 你好. 可以染发吧.
nǐ hǎo. kě yǐ rǎn fā ba.

美容师: 上次全部用棕色染的, 今天想要哪种颜色的?
shàng cì quán bù yòng zōng sè rǎn de, jīn tiān xiǎng yào nǎ zhǒng yán sè de?

顾　客: 最近有点烦恼, 因为我的头发看起来显得老.
zuì jìn yǒu diǎn fán nǎo, yīn wèi wǒ de tóu fa kàn qǐ lái xiǎn de lǎo.
我们希望年轻, 清新的感觉. 哪种颜色好呢?
wǒ men xī wàng nián qīng, qīng xīn de gǎn jué. nǎ zhǒng yán sè hǎo ne?

美容师: 亮棕色会激活您的肤色.
liàng zōng sè huì jī huó nín de fū sè.
并且看起来更年轻.
bìng qiě kàn qǐ lái gèng nián qīng.

顾　客: 那么棕色以外别的颜色怎么样?
nà me zōng sè yǐ wài bié de yán sè zěn me yàng?
金发或黑发也好.
jīn fā huò hēi fā yě hǎo.

美容师: 嗯... 那么, 如果你用黑棕色或深黄色调的亮黄色调, 怎么做?
én... nà me, rú guǒ nǐ yòng hēi zōng sè huò zhēn huáng sè tiáo de liàng huáng sè diào, zěn me zuò?
你更喜欢哪一种?
nǐ gèng xǐ huan nǎ yì zhǒng?

顾　客: 没关系. 会选择有亮黄色调的黑色.
méi guān xi. huì xuǎn zé yǒu liàng huáng sè tiáo de hēi sè.

美容师: 那种颜色会使您的脸色更加有活力.
nà zhǒng yán sè huì shǐ nín de liǎn sè gèng jiā yǒu huó lì.

염색 2

미용사: 어서 오세요. 얼굴이 좋아 보이시네요.

고 객: 안녕하세요. 염색해 주실 수 있죠?

미용사: 전체 브라운 컬러로 염색하셨는데 오늘은 어떤 컬러를 원하십니까?

고 객: 요즘 나이 들어 보여서 고민입니다. 젊고 산뜻해 보였으면 좋겠는데,

어떤 컬러가 좋을까요?

미용사: 밝은 브라운 색깔이 고객님 피부 톤을 살려 줄 거예요.

그리고 더 젊어 보이게 할 거고요.

고 객: 그럼 갈색 말고 다른 색은 어때요?

블론드나 검은 머리도 좋아요.

미용사: 음... 그럼 밝은 담황색 악센트가 있는 흑갈색이나

전체를 블론드로 하면 어떠세요?

고 객: 괜찮아요. 밝은 담황색 악센트가 있는 흑갈색으로 할 거예요.

미용사: 그 색깔이 고객님의 안색을 더 빛나게 해줄 거예요.

20. 업스타일(上梳发型, shàng shū fā xíng)

[Words and Expressions 2-20]

1	参加	cānjiā	*v.*	참가하다, 참여하다
2	忘年会	wàngniánhuì	*n.*	망년회
3	紫色	zǐsè	*n.*	자색, 보라색
4	鸡尾酒	jīwěijiǔ	*n.*	칵테일
5	礼服	lǐfú	*n.*	예복
6	相	xiàng	*n.*	외모, 외관
7	配	pèi	*v.*	~에 어울리다
8	找	zhǎo	*v.*	찾다, 구하다
9	同感	tónggǎn	*n./ v.*	동감(하다), 공감(하다)
10	为了	wèile	*prep.*	~를 하기 위하여
11	立体感	lìtǐgǎn	*n.*	입체감
12	局部	júbù	*n.*	부분, 일부분
13	假发	jiǎfà	*n.*	가발
14	变成	biànchéng	*v.*	~로 변하다, ~가 되다
15	古典	gǔdiǎn	*adj.*	고전적인
16	干练	gànliàn	*adj.*	세련된, 유능한
17	淑女	shūnǚ	*n.*	숙녀
18	美	měi	*adj.*	아름다운

[Text 2-20] 上梳发型(shàng shū fā xíng)

美容师: 今天要去特别的地方吗?
jīn tiān yào qù tè bié de dì fāng ma?

顾　客: 是, 今天晚上去参加忘年会.
shì, jīn tiān wǎn shàng qù cān jiā wàng nián huì.

美容师: 啊? 是啊. 有特别想做的发型吗?
a? shì a. yǒu tè bié xiǎng zuò de fā xíng ma?

顾　客: 想做一个和淡紫色鸡尾酒礼服相配地upstyle.
xiǎng zuò yí ge hé dàn zǐ sè jī wěi jiǔ lǐ fú xiāng pèi dì upstyle.

美容师: 可以找一张您喜欢的发型照片吗?
kě yǐ zhǎo yì zhāng nín xǐ huān de fā xíng zhào piàn ma?

顾　客: 这个发型怎么样? 我觉得对我很合适.
zhè ge fā xíng zěn me yàng? wǒ jué de duì wǒhěn hé shì.

美容师: 我也有同感. 来看看吧.
wǒ yě yǒu tóng gǎn. lái kàn kàn ba.
为了使发型更有立体感, 我会用局部假发.
wèi le shǐ fà xíng gèng yǒu lì tǐ gǎn, wǒ huì yòng jú bù jiǎ fà.

顾　客: 那个感觉很好, 那就麻烦你帮我好好做吧.
nà ge gǎn jué hěn hǎo, nà jiù má fan nǐ bang wǒ hǎo hǎo zuò ba.

美容师: 今天就让我把您变成一个古典, 优雅, 干练地淑女吧.
jīn tiān jiù rang wǒ bǎ nín biàn chéng yí ge gǔ diǎn, yōu yǎ, gàn liàn de shū nǚ ba.
和礼服很配, 今天晚上一定会很美的.
hé lǐ fú hěn pèi, jīn tiān wǎn shāng yí ding huì hěn měi de.

顾　客: 谢谢.
xiè xiè.

업스타일

미용사: 오늘 특별한 파티에 가시나요?

고　객: 네, 오늘 저녁에 송년회에 갑니다.

미용사: 아, 그러세요. 특별히 하고 싶은 스타일이 있으십니까?

고　객: 연보라빛 칵테일 드레스랑 잘 어울리는 업스타일로 올리고 싶어요.

미용사: 고객님에게 어울릴 만한 헤어스타일 사진을 찾아보시겠어요?

고　객: 이 스타일은 어떤가요? 제 생각에는 저한테 잘 맞을 것 같아요.

미용사: 저도 동감입니다. 어디 봅시다.

업스타일을 볼륨감 있게 살려주기 위해서는 저는 부분 가발을 이용할 거예요.

고　객: 그거 참 좋겠네요. 멋지게 스타일링 해주세요.

미용사: 오늘 고전적이고 우아하고 세련된 숙녀로 변신시켜드릴게요.

드레스와 잘 어울려서 오늘 저녁에 분명히 아름다우실 겁니다.

고　객: 감사합니다.

Chapter 3. 메이크업

Chapter 03.

메이크업

huà zhuāng

1. 전화 문의(电话询问, diàn huà xún wèn)

[Words and Expressions 3-1]

1	变	biàn	*v.*	변하다
2	出席	chūxí	*v.*	참석하다
3	活动	huódòng	*n.*	행사
4	妆	zhuāng	*n.*	화장
5	可能	kěnéng	*n.*	가능
6	预订	yùdìng	*v.*	예약하다.
7	化妆	huàzhuāng	*n./v.*	화장(하다)
8	必须	bìxū	*adv.*	반드시 ~해야 한다.
9	营业	yíngyè	*n./v.*	영업(하다)
10	营业时间	yíngyèshíjiān	*n.*	영업시간
11	本	běn	*n.*	근본, 원래
12	沙龙	shālóng	*n.*	살롱
13	其余	qíyú	*n.*	나머지, 남은 것
14	到	dào	*prep.*	~까지

[Text 3-1] 电话询问(diàn huà xún wèn)

经理: 您好, 我是经理 Grace.
nín hǎo. wǒ shì jīng lǐ Grace.

顾客: 想要化出席活动的妆, 可以打电话预订吗?
xiǎng yào huà chū xí huó dòng de zhuāng, kě yǐ dǎ diàn huà yù ding ma?

经理: (可能) 可以. 要帮您预订吗?
(kě néng) kě yǐ. yāo bang nín yù ding ma?
(不可能) 对不起. 化妆必须要到店预订.
(bù kě néng) duì bu qǐ. huà zhuāng bì xū yāo dào diàn yù dìng.

顾客: 那么, 营业时间是什么时候?
nà me, yíng yè shí jiān shì shén me shí hòu?

经理: 本美容沙龙周日休息, 其余星期营业.
běn měi róng shā lóng zhōu rì xiū xi, qí yù xīng qī yíng yè.
上午十点到下午八点来就可以了.
shàng wǔ shí diǎn dào bād iǎn lái jiù kě yǐ le.

顾客: 谢谢.
xiè xie.

전화 문의

매니저: 안녕하세요? 매니저 그레이스입니다.

고　객: 행사에 참석할 메이크업을 하고 싶은데, 전화로도 예약이 가능한가요?

매니저: (가능) 네. 가능합니다. 예약해 드릴까요?

(불가능) 죄송합니다. 메이크업 예약은 방문 예약을 원칙으로 합니다.

고　객: 그렇다면, 영업시간과 휴무일은 언제인가요?

매니저: 저희 뷰티 살롱은 일요일은 쉬고 나머지 요일은 영업합니다.

오전 10시부터 오후 8시까지 오시면 됩니다.

고　객: 감사합니다.

2. 메이크업 상담(化妆咨询, huà zhuāng zī xún)

[Words and Expressions 3-2]

1	欢迎光临	huānyíngguānglín		어서오세요
2	第	dì	*pref.*	제(수사 앞에 쓰여 몇 째를 가리킴)
3	次	cì	*pref.*	~번째 (수사 뒤에 쓰임)
4	帮助	bāngzhù	*n./v.*	도움/돕다
5	预约	yùyuē	*n./v.*	예약(하다)
6	什么样	shénmeyàng	*Pron.*	어떠한
7	喜欢	xǐhuan	*v.*	좋아하다
8	风格	fēnggé	*n.*	스타일, 성격, 기질
9	根据	gēnjù	*n./v.*	근거(하다)
10	推荐	tuījiàn	*v.*	추천하다
11	专业	zhuānyè	*n.*	전문, 전공
12	设计师	shèjìshī	*n.*	디자이너, 설계사
13	指定	zhǐdìng	*v.*	지정하다, 확정하다
14	种类	zhǒnglèi	*n.*	종류
15	美丽	měilì	*adj.*	아름다운, 예쁜
16	拍照	pāizhào	*v.*	촬영하다. 포토
17	婚礼	hūnlǐ	*n.*	결혼식, 웨딩
18	舞台	wǔtái	*n.*	무대

[Text 3-2] 化妆咨询(huà zhuāng zī xún)

经理: 欢迎光临.
huān yíng guāng lín.

顾客: 你好. 今天第一次来.
nǐ hǎo.jīn tiān dì yī cì lái.

经理: 您好. 我是店经理Grace. 请问有什么可以帮助您的?
nín hǎo. wǒ shì diàn jīng lǐ Grace. qǐng wèn yǒu shén me kě yǐ bang zhù nín de?

顾客: 我想预约化妆.
wǒ xiǎng yù yuè huà zhuāng.

经理: 好的, 您想化什么样的妆?
hǎo de, nín xiǎng huà shén me yang de zhuāng?
有喜欢的风格吗?
yǒu xǐ huān de fēng gé ma?
可以根据顾客您想要的风格推荐专业设计师.
kě yǐ gēn jù gù kè nín xiǎng yào de fēng gé tuī jiàn zhuān yè shè jì shī.
有没有指定的设计师?
yǒu méi yǒu zhǐ ding de shè jì shī?

顾客: 没有. 在这里都有什么种类的化妆呢?
méi yǒu. zài zhè lǐ dōu yǒu shén me zhǒng lèi de huà zhuāng ne?

经理: T. P. O 在化妆中有美丽的, 拍照的, 婚礼的, 舞台的化妆等.
T. P. O zài huà zhuāng zhōng yǒu měi lì de, pāi zhào de, hūn lǐ de. wǔ tái huà zhuāng děng.

Check point

T.P.O 메이크업이란?

Time(时间), Place(地点), Occasion(情况)
根据时间和地点还有情况的变化, 化妆的风格也不同.

Time(시간), Place(장소), Occasion(상황)
시간, 장소, 상황에 따라 메이크업이 달라진다는 의미.

메이크업 상담

매니저: 어서오십시오.

고 객: 안녕하세요. 오늘 처음 왔어요.

매니저: 네, 안녕하세요. 저는 샵 매니저 그레이스입니다. 무엇을 도와드릴까요?

고 객: 메이크업을 예약하고 싶습니다.

매니저: 네, 어떤 메이크업을 하고 싶으세요?

생각하고 오신 스타일 있으신가요?

고객님이 원하시는 스타일에 맞춰서 전문 디자이너를 추천해 드릴 수 있습니다.
혹시 염두에 두신 디자이너가 있나요?

고 객: 아니요, 없습니다. 이곳에서는 어떤 종류의 메이크업을 받을 수 있나요?

매니저: T.P.O 메이크업 중 뷰티 메이크업, 포토 메이크업, 웨딩 메이크업과 무대 메이크업 등이 있습니다.

3. T.P.O 메이크업 1(T.P.O 化妆 1, T.P.O huà zhuāng)

[Words and Expressions 3-3]

1	清楚	qīngchu	*adj.*	분명한, 명백한
2	区别	qūbié	*n./v.*	구별, 차이/구별하다, 구분하다
3	专家	zhuānjiā	*n.*	전문가
4	通过	tōngguò	*prep.*	~을 통해
5	一般	yìbān	*adj.*	일반적인, 보통의
6	优缺点	yōuquēdiǎn	*n.*	장,단점
7	进行	jìnxíng	*v.*	진행하다. 앞으로 나아가다
8	过程	guòchéng	*n.*	과정
9	改善	gǎishàn	*v.*	개선하다
10	调整	tiáozhěng	*v.*	조절하다, 조정하다
11	主要	zhǔyào	*adv.*	주로, 대부분
12	简单	jiǎndān	*adj.*	간단한, 단순한
13	访问	fǎngwèn	*v.*	방문하다, 물어서 찾다.
14	面试	miànshì	*v.*	면접시험 보다
15	会见	huìjiàn	*n./v.*	회견(하다), 접견(하다)
16	聚会	jùhuì	*n./v.*	모임(하다), 회합(하다)
17	相亲	xiāngqīn	*v.*	선을 보다, 소개팅 하다
18	摄影	shèyǐng	*n./v.*	촬영(하다)
19	户外	hùwài	*n.*	야외, 집밖
20	构成	gòuchéng	*n./v.*	구성(하다), 형성(하다)
21	专用	zhuānyòng	*n./v.*	전용(하다)

[Text 3-3] T.P.O 化妆 1(T.P.O huà zhuāng)

顾客: 对不起, 我不太清楚. 有什么区别?
duì bu qǐ, wǒ bú taì qīng chu. yǒu shén me qū bié?

经理: 美妆是专家通过一般化妆将顾客的优缺点进行改善调整的化妆过程.
měi zhuāng shì zhuān jiā tōng guò yì bān huà zhuāng jiāng gù kè de yōu quē diǎn jìn xíng gǎi shàn tiáo zhěng de huà zhuāng guò chéng.
美妆主要用于简单的访问或面试, 客户会见、聚会, 相亲等妆容风格.
měi zhuāng zhǔ yào yòng yú jiǎn dān de fang wèn huò miàn shì, kè hù huì xiāng qīn děng zhuāng róng fēng gé.
摄影化妆是婚纱照, 户外摄影, 名片照片, 证明照.
shè yǐng huà zhuāng shì hūn shā zhào, hù wài shè yǐng, míng piàn zhāo piàn,
照片拍摄等构成的照片专用化妆风格.
zhèng míng pāi shè děng gòu chéng de zhāo piàn zhuān yòng huà zhuāng fēng gé.

T.P.O 메이크업 1

고 객: 죄송하지만 잘 모르겠어요. 차이가 무엇인가요?

매니저: 뷰티 메이크업은 일반적인 화장으로 전문가가 고객의 장단점을 보완하여 시술하는 과정입니다.

뷰티 메이크업의 용도는 가벼운 방문이나 면접, 고객과의 미팅, 모임, 맞선 등에 주로 적용되는 메이크업 스타일입니다.

포토 메이크업은 특별히 웨딩 사진 촬영이나 야외 촬영, 명함사진, 증명사진, 이미지 사진 촬영 등에 이루어지는 사진 전용 메이크업 스타일입니다.

4. T.P.O 메이크업 2(T.P.O 化妆 2, T.P.O huà zhuāng)

[Words and Expressions 3-4]

1	婚纱	hūnshā	*n.*	웨딩, 신부 드레스
2	分为	fēnwéi	*v.*	~으로 나누다
3	结婚	jiéhūn	*v.*	결혼하다
4	有关	yǒuguān	*v.*	관계가 있다
5	新郎	xīnláng	*n.*	신랑
6	新娘	xīnniáng	*n.*	신부
7	现场	xiànchǎng	*n.*	현장, 현지
8	迎亲	yíngqīn	*v.*	신부를 맞이하다, 함맞이 하다.
9	订婚	dìnghūn	*v.*	약혼하다
10	为	wèi	*v.*	~로 생각하다
11	设计	shèjì	*n./v.*	설계(하다), 계획(하다)
12	项目	xiàngmù	*n.*	항목, 사항
13	可选	kěxuǎn	*adj.*	선택적인
14	公演场	gōngyǎnchǎng	*n.*	공연장
15	音乐会	yīnyuèhuì	*n.*	음악회, 콘서트
16	音乐剧	yīnyuèjù	*n.*	뮤지컬
17	作品	zuòpǐn	*n.*	작품
18	发表会	fābiǎohuì	*n.*	발표회
19	戏剧	xìjù	*n.*	연극
20	角色	juésè	*n.*	배역, 역할
21	特殊	tèshū	*adj.*	특수한

[Text 3-4] T.P.O 化妆 2(T.P.O huà zhuāng)

经理: 婚纱妆容分为与结婚有关的新郎,
hūn shā zhuāng róng fēn wéi yú jié hūn yǒu guān de xīn láng,
新娘的婚礼现场妆容和迎亲妆容,
xīn niáng de hūn lǐ xiàn chǎng zhuāng róng hé yíng qīn zhuāng róng,
订婚妆容等.
ding hūn zhuāng róng děng,
是为新娘和新郎设计的化妆项目.
shì wèi xīn niáng hé xīn láng shè jì de huà zhuāng xiàng mù.
婚主妆是可选的.
hūn zhǔ zhuāng shì kě xuǎn de.
舞台化妆是公演场, 音乐会, 音乐剧, 作品发表会, 戏剧角色,
wǔ tái huà zhuāng shì shì gōng yǎn cháng, yīn yuè huì, zuò pǐn fā biǎo huì,xì jù jiǎo sè,
音乐剧角色等使用的特殊化妆.
yīn yuè jù jué sè děng shǐ yòng de tè shū huà zhuāng.

顾客: 好的, 这样啊. 谢谢.
hǎo de, zhè yang a. xiè xie.

T.P.O 메이크업 2

매니저: 웨딩 메이크업은 결혼에 관련된 신랑, 신부를 위한

본식 메이크업과 함맞이 메이크업,

약혼 메이크업 등으로 구분되어

신부와 신랑 모두를 위한 메이크업 과정입니다.

혼주의 메이크업은 선택 사항입니다.

무대 메이크업은 공연장이나, 음악회, 뮤지컬, 작품 발표회, 연극 캐릭터,

뮤지컬 캐릭터 등에 사용되는 특수 메이크업 과정입니다.

고 객: 네 그렇군요. 감사합니다.

5. 비용 문의(费用询问, fèi yong xún wèn)

[Words and Expressions 3-5]

1	要求	yāoqiú	*n./v.*	요구(하다)
2	情况	qíngkuàng	*n.*	상황, 정황
3	有些	yǒuxiē	*v.*	조금 있다
4	差异	chāyì	*n.*	차이, 다른 점
5	发型	fàxíng	*n.*	헤어스타일
6	想要	xiǎngyào	*v.*	~하려고 하다
7	什么样	shénmeyàng	*pron.*	어떠한
8	说明	shuōmíng	*n./v.*	설명(하다)
9	正式	zhèngshì	*adj.*	정식의, 정규의
10	当然	dāngrán	*adj./adv.*	당연한, 물론인/당연히, 물론
11	迎	yíng	*v.*	맞이하다
12	在内	zàinèi	*v.*	포함하다, 내포하다
13	选择	xuǎnzé	*n./v.*	선택(하다)
14	事项	shìxiàng	*n.*	사항
15	吹风机	chuīfēngjī	*n.*	헤어드라이어
16	额外	éwài	*adj.*	정액 외의, 별도의

[Text 3-5] 费用询问(fèi yong xún wèn)

顾客: 每个妆容的费用是多少?
　　mĕi ge zhuāng róng de fèi yòng shì duō shăo?
经理: 根据顾客的要求和情况有些差异.
　　gēn jù gù kè de yào qiú hé qíng kuàng yŏu xiē chā yì.
　　美妆和摄影化妆10万.
　　mĕi zhuāng hé shè yĭng huà zhuāng 10 wàn.
　　婚礼妆容是30万包含发型.
　　hūn lĭ zhuāng róng shì 30 wàn bāo hán fā xíng.
　　顾客想要什么样的妆容?
　　gù kè xiăng yào shén me yang de zhuāng róng?
顾客: 我来预约我的婚礼妆容.
　　wŏ lái yù yuè wŏ de hūn lĭ zhuāng róng.
　　在说明中, 婚礼化妆包括订婚和迎亲.
　　zài shuō míng zhōng, hūn lĭ huà zhuāng bāo kuò ding hūn hé yíng qīn.
　　可以只为您预定正式的妆容吗?
　　kĕ yĭ zhĭ wèi nín yù ding bĕn shì de zhuāng róng ma?
经理: 当然可以.
　　dāng rán kĕ yĭ.
顾客: 那正式化妆费用是多少?
　　nà zhèng shì huà zhuāng fèi yòng shì duō shăo?
经理: 订婚和迎聘礼, 婚礼妆容包括发型在内, 分别30万元.
　　shì de, ding hūn hé yìng pìn lĭ, hūn lĭ zhuāng róng bāo kuò fā xíng zài nèi, fēn bié 30 wàn yuán.
顾客: 好, 了解了.
　　hăo, liăo jiĕ le.
　　还有说婚主妆选择事项, 请问是怎么进行的?
　　hái yŏu shuō hūn zhŭ zhuāng xuăn zé shì xiàng, qĭng wèn shì zĕn me jìn xíng de?
经理: 婚主妆包括在美妆里面了.
　　hūn zhŭ zhuāng bāo kuò zài mĕi zhuāng lĭ miàn le.
　　费用如给您所说的是5万元.
　　fèi yòng rú gĕi nín suŏ shuōde shì wŭ wàn yuán.
　　和婚礼妆相关的婚主妆是发型中包括吹风造型的价格.
　　he hūn lĭ zhuāng xiāng guăn de hūn zhŭ zhuāng shì fà xíng zhōng bāo kuò chuī fēng zào xíng de jià gé.
　　婚主如果想要上梳发型, 需要3万元的额外费用.
　　hūn shŭ rú guŏ xiăng yào shàng shū fà xíng, xù yào sān wàn yuán de é wài fèi yong.
顾客: 是啊. 我想只为结婚现场预约化妆.
　　shì a. wŏ xiăng zhĭ wéi jié hūn xiàn chăng yù yuē huà zhuāng.

비용 문의

고　객: 각 메이크업의 비용은 어떻게 되나요?

매니저: 네, 고객의 요구 사항이나 경우에 따라 조금씩 차이가 있습니다.

뷰티 메이크업과 포토 메이크업은 10만원입니다.

웨딩 메이크업은 헤어 스타일을 포함하여 30만원 입니다.

무대 메이크업은 종류와 캐릭터마다 조금씩 다르지만 일반적인 무대 메이크업은 20만원입니다.

그리고 특수분장이 추가되면 캐릭터에 따라 가격의 변동이 있습니다.

고객님은 어떤 메이크업을 원하시나요?

고　객: 저는 웨딩 메이크업을 예약하러 왔습니다.

설명 중 웨딩 메이크업에는 약혼과 함맞이를 포함하던데요.

본식 때를 위한 메이크업만 예약해도 되나요?

매니저: 물론 가능합니다.

고　객: 그렇다면 본식 메이크업의 비용은 얼마인가요?

매니저: 약혼과 함맞이, 웨딩 본식은 메이크업마다 헤어를 포함해서 각각 30만원씩 입니다.

고　객: 네, 잘 알겠습니다. 그리고 혼주 메이크업은 선택 사항이라고 했는데, 어떻게 되나요?

매니저: 혼주님 메이크업은 일단 뷰티 메이크업에 포함됩니다.

비용은 말씀드린 대로 5만원입니다. 웨딩 메이크업과 관련한 혼주 메이크업은 헤어스타일 중 드라이 시술을 포함한 가격입니다.

혼주님께서 업스타일을 원하실 경우 3만원의 추가 비용이 있습니다.

고　객: 네, 그렇군요. 저는 결혼 본식을 위한 메이크업만 예약하고 싶습니다.

6. 메이크업 시간(化妆时间, huà zhuāng shí jiān)

[Words and Expressions 3-6]

1	本人	běnrén	*n.*	본인
2	举行	jǔxíng	*v.*	거행하다, 개최하다
3	礼堂	lǐtáng	*n.*	강당, 식장
4	过程	guòchéng	*n.*	과정
5	大概	dàgài	*adv.*	아마도, 대략적으로
6	实施	shíshī	*v.*	실시하다, 실행하다
7	大约	dàyuē	*adv.*	대략, 아마
8	需要	xūyào	*v.*	필요하다, 요구되다
9	当天	dàngtiān	*n.*	그 날,당일
10	结束	jiéshù	*v.*	끝나다,종료하다
11	进餐	jìncān	*v.*	식사를 하다, 음식을 먹다
12	洗脸	xǐliǎn	*v.*	얼굴을 씻사, 세수하다
13	状态	zhuàngtài	*n.*	(~한)상태
14	之后	zhīhòu	*n.*	그 후, 그 다음
15	如	rú	*v.*	~와 같다

[Text 3-6] 化妆时间(huà zhuāng shí jiān)

经理: 您是新娘本人吗? 婚礼什么时候举行?
nín shì xīn niáng běn rén ma? hūn lǐ shén me shí hòu jǔ xíng?

顾客: 五月十六号 星期日.
wǔ yuè shí liù hào xīng qī rì.

经理: 在哪儿几点举行婚礼?
zài nǎ er jǐ diǎn jǔ xíng hūn lǐ?

顾客: 在这个礼堂12点. 化妆整个过程大概需要多长时间?
zài zhè ge lǐ táng. huà zhuāng zhěng ge guò chéng dà gài xù yào duō cháng shí jiān?

经理: 大约需要3个小时.
dà yuē xū yào 3 gè xiǎo shí.
新娘要到当天早上11点40分结束.
xīn niáng yāo dào dàng tiān zǎo shàng shí yī diǎn sì shí fēn jié shù.
那么请新娘早点简单地进餐,
nà me qǐng xīn niáng zǎo diǎn jiǎn dān de jìn cān,
然后在洗脸的状态下简单地进行基础化妆.
rán hòu zài xǐ liǎn de zhuàng tài xià jiǎn dān de jìn xíng jī chǔ huà zhuāng.
之后8点半来我们沙龙就可以了.
zhī hòu 8 diǎn bàn lái wǒ men shā lóng jiù kě yǐ le.

顾客: 只有新娘化妆的时间是这样的吗?
zhǐ yǒu xīn niáng huà zhuāng de shí jiān shì zhè yang de ma?

经理: 如之前所说的也包括新郎. 新郎比新娘晚两个小时来就可以了.
rú zhī qián suǒ shuō de yě bāo kuò xīn láng. xīn láng bǐ xīn niáng wǎn liáng ge xiǎo shí lái jiù kě yǐ le.

메이크업 시간

매니저: 신부 본인이신가요? 결혼식이 언제입니까?

고 객: 5월 16일 일요일입니다.

매니저: 어디에서 몇 시 결혼식입니까?

고 객: 이곳 웨딩홀에서 12시입니다.

예상되는 시술 시간을 얼마 정도로 잡아야 할까요?

매니저: 시술 시간은 약 3시간 정도입니다. 신부님께서는 당일 아침 11시 40분까지 끝내야 하겠네요.

그러면 신부님께서는 아침 일찍 식사를 간단히 하시고 세안한 상태로 가벼운 기초화장만 해주세요.

이후 저희 살롱으로 8시 30분까지 오시면 됩니다.

고 객: 신부만 메이크업 하는 시간이 그런가요?

매니저: 앞서 말씀드린 대로 신랑도 같이 포함됩니다.

신랑께서는 신부님보다 2시간 정도 늦게 오시면 됩니다.

7. 주의 사항 1(注意事项 1, zhù yì shì xiàng)

[Words and Expressions 3-7]

1	另外	lìngwài	*pron.*	다른
2	东西	dōngxi	*n.*	물건, 것, 사물
3	解决	jiějué	*v.*	해결하다, 없애다
4	特别	tèbié	*adj./adv.*	특별한, 특이한/특별히, 특히
5	携带	xiédài	*v.*	휴대하다, 지니다
6	保管	bǎoguǎn	*v.*	보관하다
7	私	sī	*adj.*	개인적인, 사적인
8	虽然	suīrán	*conj.*	비록 ~일지라도
9	责任	zérèn	*n.*	책임
10	由于	yóuyú	*conj.*	~때문에
11	大型	dàxíng	*adj.*	대형의, 큰 규모의
12	比较	bǐjiào	*adv.*	비교적
13	繁忙	fánmáng	*adj.*	일이 많고 바쁜
14	经常	jīngcháng	*n.*	보통, 일상, 평소
15	丢	diū	*v.*	잃다, 잃어버리다
16	方便	fāngbiàn	*adj.*	편리한
17	一定	yídìng	*adv.*	반드시, 꼭
18	除此之外	chúcǐzhīwài		이 밖에, 그 외에
19	稍微	shāowēi	*adv.*	조금, 약간
20	克制	kèzhì	*v.*	억제하다, 자제하다
21	健康	jiànkāng	*n./adj.*	건강(한)

[Text 3-7] 注意事项1(zhù yì shì xiàng)

顾客: 我当天还需要另外准备什么东西吗?
wǒ dàng tiān hái xū yào lìng wài zhǔn bèi shén me dōng xi ma?

经理: 关于发型和妆容, 我们帮你解决.
guān yú fā xíng hé zhuāng róng, wǒ men bang nǐ jiě jué.
新娘没有什么特别准备的.
xīn niáng méi yǒu shén me tè bié zhǔn bèi de.
可是在那天的时候来一位帮忙管理个人携带品的朋友也可以.
kě shì zài nà tiān de shí hou lái yí wèi bang máng guǎn lǐ ge rén xié dài pǐn de péng you yě kě yǐ.
保管您的私有物虽然是我们的责任,
bǎo guǎn nín de sī yǒu wù suī rán shì wǒ men de zé rèn,
但由于大型活动比较繁忙,
dàn yóu yú dà xíng huó dòng bǐ jiào fán máng,
经常会丢失自己的随身物品.
jīng cháng huì diū shī zì jǐ de suí shēn wù pǐn.
如果可能的话, 能和一位帮您方便的人一起来, 对您一定更好.
rú guǒ kě néng de huà, néng he yí wèi bang nín fang biàn de rén yì qǐ lái, duì nín yí ding gèng hǎo.
除此之外, 前一天稍微克制水分地摄取, 早点睡会更有利于皮肤健康.
chú cǐ zhī wài, qián yì tiān shāo wēi kè zhì shuǐ fēn de shè qǔ, zǎo diǎn shuì huì gèng yǒu lì yú pí fū jiàn kāng.
当然对化妆也好.
dāng rán duì huà zhuāng yě hǎo.

주의 사항 1

고　객: 제가 당일 따로 준비해야 할 것을 알려주세요.

매니저: 헤어스타일과 메이크업에 관해서는 저희가 마무리 해드립니다.

신부님께서 따로 준비할 것은 없습니다.

그러나 그날의 상황상 개인적인 소지품을 관리해 주실 친구가 한 분 오셔도 됩니다.

저희가 담당하는 소지품에 대해서는 보관해 드립니다.

하지만 큰 행사에 마음이 분주한 관계로 본인의 소지품을 분실하는 경우가 종종 있습니다.

가능하시면 고객님을 편하게 도와주실 분이 같이 오시는게 고객님께 든든할 것 같습니다.

그 밖에는 전날 수분 섭취를 약간 자제하시고 일찍 주무시면 피부 건강에 더 좋을 듯합니다.

물론 메이크업에도 좋겠지요.

8. 주의 사항 2(注意事项 2, zhù yì shì xiàng)

[Words and Expressions 3-8]

1	之前	zhīqián	*n.*	~이전, ~의 앞
2	哪些	nǎxiē	*pron.*	어느, 어떤
3	限于	xiànyú	*v.*	~에 한하다, 불과하다
4	全天	quántiān	*n.*	전일, 온종일, 하루 종일
5	免费	miǎnfèi	*n./v.*	무료(로 하다)
6	的话	dehuà	*aux.*	~하다면, ~이면
7	护肤	hùfū	*v.*	스킨케어하다
8	因为	yīnwèi	*conj.*	왜냐하면
9	告诉	gàosu	*v.*	말하다, 알리다
10	空出	kòngchū	*v.*	비우다
11	但是	dànshì	*conj.*	그러나, 하지만
12	接受	jiēshòu	*v.*	수락하다, 접수하다
13	参考	cānkǎo	*n./v.*	참고(하다)
14	忘记	wàngjì	*v.*	잊다, 잊어버리다
15	纽扣	niǔkòu	*n.*	단추
16	防止	fángzhǐ	*v.*	방지하다
17	换	huàn	*v.*	교환하다, 바꾸다, 교체하다
18	不让	bùràng	*v.*	허용하지 않다, 양보하지 않다
19	受损	shòusǔn	*v.*	손해를 보다, 손해를 입다
20	其他	qítā	*pron.*	기타, 그 외

[Text 3-8] 注意事项2(zhù yì shì xiàng)

顾客: 化妆之前为了皮肤管理要准备哪些?
huà zhuāng zhī qián wèi le pí fū guǎn lǐ yào zhǔn bèi nǎ xiē?

经理: 在我们沙龙给新娘做限于婚纱妆容专为新娘准备全天免费的皮肤管理.
zài wǒ men shā lóng gěi xīn niáng zuò xiān yú hūn shā zhuāng róng zhuān wéi xīn niáng zhǔn bèi quán tiān miǎn fèi de pí fū guǎn lǐ.
如果可以的话一定要来做.
rú guó kě yǐ de huà yí ding yào lái zuò.

顾客: 我来定护肤时间吗? 因为时间不多了.
wǒ lái ding hù fū shí jiān ma? yīn wèi shí jiān bù duō le.

经理: 是的. 可以.
shì de. kě yǐ.
但要是有预约了, 也要来之前两天左右给我们打电话.
dàn yào shì yǒu yù yuè le, yě yāo lái zhī qián liǎng tiān zuǒ yòu gěi wǒ men dǎ diàn huà.
告诉我们您方便的时间的话会为您空出时间.
gāo sù wǒ men nín fang biàn de shí jiān de huà huì wei nín kòng chū shí jiān.
但是预约日3~4天内接受管理比较好.
dàn shì yù yuè rì sān~sì tiān nèi jiē shòu guǎn lǐ bǐ jiào hǎo.
请参考一下.
qǐng cān jià yí xià.

顾客: 好的, 谢谢. 没有需要我知道的事情了吗?
hǎo de, xiè xiè. méi yǒu xū yào wǒ zhī dào de shì qing le ma?

经理: 还有, 请不要忘记再穿一件纽扣的上衣来.
hái yǒu, qǐng bú yào wàng jì zài chuān yí jiàn niǔ kòu de shàng yī lái.
因为化妆结束后,
yīn wèi huà zhuāng jié shù hòu,
为了防止换礼服而脱下上衣时不让完成的风格受损.
wèi le fang zhǐ huàn lǐ fú ér tuō xià shàng yī shí bú ràng wán chéng de fēng gé shòu sǔn.
其他的就没有还要知道的准备事项了.
qí tā de jiù méi yǒu hái yào zhī dào de zhǔn bèi shì xiàng le.

주의 사항 2

고　객: 메이크업 전에 피부 관리를 위한 준비는 어떤 것들을 해야 하나요?

매니저: 네, 저희 살롱에서는 웨딩 메이크업에 한해서 신부님께만 무료로 전날 피부 관리를 서비스하고 있습니다.

가능하다면 꼭 오셔서 시술 받도록 하십시오.

고　객: 피부 관리할 시간은 제가 정해도 될까요? 시간이 많지 않아서요.

매니저: 네, 그렇게 하셔도 됩니다만,

혹시 예약이 되어 있을 수 있으니 오시기 이틀 전쯤에 전화주세요.

가능한 시간을 알려주시면 시간을 비워 놓겠습니다.

하지만 예약일 3~4일 안쪽으로 관리를 받으시는게 좋습니다.

참고하십시오.

고　객: 네, 감사합니다. 더 이상 제가 알아야 할 사항은 없나요?

매니저: 한 가지 더, 단추가 달린 상의를 입고 오시는 것을 잊지 마십시오.

왜냐하면 메이크업과 시술이 끝난 후 드레스를 입기 위해 상의를 벗을 때

완성된 스타일을 망가뜨리지 않도록 하기 위함입니다.

더 이상 준비 사항으로 알아두실 것은 없습니다.

9. 메이크업 예약(化妆预定, huà zhuāng yù ding)

[Words and Expressions 3-9]

1	那么	nàme	*pron.*	그러면, 그렇다면
2	该	gāi	*v.*	마땅히 ~해야 한다
3	付	fù	*v.*	지불하다, 넘겨주다
4	定金	dìngjīn	*n.*	계약금, 예약금
5	费用	fèi yòng	*n.*	비용
6	姓名	xìngmíng	*n.*	성명
7	号码	hàomǎ	*n.*	번호, 숫자
8	确认	quèrèn	*v.*	확인하다
9	疑问	yíwèn	*n.*	질문, 의문
10	如果	rúguǒ	*conj.*	만일, 만약
11	相关	xiāngguān	*v.*	상관되다, 연관되다
12	变更	biàngēng	*n./v.*	변경(하다)
13	名片	míngpiàn	*n.*	명함
14	护理	hùlǐ	*v.*	돌보다, 관리하다
15	感谢	gǎnxiè	*v.*	감사하다, 고맙게 여기다

[Text 3-9] 化妆预定(huà zhuāng yù ding)

顾客: 那么请帮我预约. 我该付多少定金?
nà me qǐng bang wǒ yù yuē. wǒ gāi fù duō shǎo ding jīn

经理: 好的. 预约费用请给我全部费用的10%,
hǎo de. yù yuē fè iyong qǐng gěi wǒ quán bù fèi yòng de bǎi fēn zhī shí,
预约时间是 2016年 5月 16日, 周日上午 5点 30分.
yù yuē shí jiān shì èr líng yī liù nián wǔ yuè shí liù rì, zhōu rì shàng wǔ wǔ diǎn sān shí fēn.
请告诉我姓名和可以联系的电话号码.
qǐng gào su wǒ xìng míng hé kě yǐ lián xì de diàn huà hào mǎ.

顾客: 我的姓名叫 Kristine.
wǒ de xìng míng jiào Kristine.
电话号码是 02-1234-5678.
diàn huà hào mǎ shì líng èr-yào èr sān sì-wǔ liù qī bā.

经理: 我再确认一下.
wǒ zài què rèn yí xià.
您的姓名是克里斯汀(Kristine), 电话号码是 02-1234-5678. 对吗?
nín de xìng míng shì kè lǐ sī tīng, diàn huà hào mǎ shì líng èr-yāo èr sān sì-wǔ liù qī bā. duìma?

顾客: 对的. 预约好了吗?
duì de. yù yuè hǎo le ma?

经理: 预约好了. 还有别的疑问吗?
yù yuè hǎo le. hái yǒu bié de yí wèn ma?

顾客: 没有.
méi yǒu.

经理: 那么, 如果有与预约相关的变更或者其他问题, 请联系我们.
nà me, rú guǒ yǒu yǔ yù yuē xiāng guān de biàn gēng huò zhě qí tā wèn tí, qǐng lián xì wǒ men.
给您一张写有我们沙龙电话号码和我名字的名片.
gěi nín yì zhāng xiě wǒ men shā lóng diàn huà hào mǎ hé wǒ míng zi de míng piàn.

顾客: 好的. 谢谢. 再见.
hǎo de. xiè xiè. zài jiàn.

经理: 那么在 5月 16日 皮肤护理时间再见.
nà me zài wǔ yuè shí liù rì pí fū hù lǐ shí jiān zài jiàn.
感谢您的来访. 再见.
gǎn xiè nín de lái fang. zài jiàn.

메이크업 예약

고 객: 그럼 예약해 주세요. 계약금을 얼마나 드려야 하나요?

매니저: 네, 예약비용으로 전체 요금의 10%를 주시면

2020년 5월 16일 일요일 오전 5시 30분으로 예약이 됩니다.

성함과 연락 가능한 전화번호를 알려주십시오.

고 객: 제 이름은 크리스틴이고,

전화번호는 02-1234-5678입니다.

매니저: 제가 다시 한 번 확인해 드리겠습니다.

고객 성함은 크리스틴님이시고,

전화번호는 02-1234-5678입니다. 맞으신가요?

고 객: 네, 맞습니다. 그럼 예약된 건가요?

매니저: 네, 예약되었습니다. 더 궁금하신 건 없으신가요?

고 객: 없습니다.

매니저: 그럼 예약과 관련된 변동 사항이나 그 밖의 문의 사항이 있을 시 연락주십시오.

이것은 저희 살롱 전화번호와 제 이름이 적힌 명함입니다.

고 객: 네, 감사합니다. 안녕히 계세요.

매니저: 그럼 5월 16일 피부관리 시간에 다시 뵙겠습니다.

방문해 주셔서 감사합니다. 안녕히 가세요.

10. 대여 문의(出租询问, chū zū xún wèn)

[Words and Expressions 3-10]

1	还有	háiyǒu	*conj.*	그리고
2	请问	qǐngwèn	*v.*	말씀 좀 여쭙겠습니다
3	出租	chūzū	*v.*	대여하다, 빌려주다
4	定做	dìngzuò	*v.*	맞추다, 주문 제작하다
5	租借	zūjiè	*v.*	대여하다, 빌려주다
6	晚会	wǎnhuì	*n.*	이브닝 파티
7	各种	gèzhǒng	*adj.*	각종의
8	服装	fúzhuāng	*n.*	복장
9	介绍	jièshào	*v.*	소개하다, 추천하다
10	好奇	hàoqí	*adj.*	궁금한, 호기심 있는

[Text 3-10] 出租询问(chū zū xún wèn)

顾客: 还有想请问一下, 您这里也可以出租礼服吗?
hái yǒu xiǎng qǐng wèn yí xià, nín zhè lǐ yě kě yǐ chū zū lǐ fú ma?

经理: 是的. 在本沙龙可以定做和租借婚纱礼服,
shì de. zài běn shā lóng kě yǐ ding zuò hé zū jiè hūn shā lǐ fú,
晚礼服和晚会礼服等各种晚会上使用的各种服装.
wǎn lǐ fú hé wǎn huì lǐ fú děng gè zhǒng wǎn huì shàng shǐ yòng de gè zhǒng fú zhuāng.
需要的话要给您介绍吗?
xū yào de huà yào gěi nín jiè shào ma?

顾客: 不用了. 只是好奇的问一下. 谢谢.
bú yòng le. zhǐ shì hǎo qí de wèn yí xià. xiè xiè.

대여 문의

고 객: 혹시, 드레스를 대여하기도 하나요?

매니저: 네, 저희 살롱에서는 웨딩 드레스와 턱시도 및 이브닝 드레스 증

행사에 사용되는 각종 의상도 맞춤 및 대여해 드리고 있습니다.

필요하시면 안내해 드릴까요?

고 객: 아닙니다. 그냥 궁금해서 물어봤습니다. 감사합니다.

11. 메이크업 준비(化妆准备, huà zhuāng zhǔn bèi)

[Words and Expressions 3-11]

1	记得	jìde	*n.*	기억하고 있다
2	带	dài	*v.*	안내하다, 인도하다
3	到	dào	*v.*	~로 오다
4	这边	zhèbiàn	*pron.*	이쪽
5	洗	xǐ	*v.*	씻다
6	按照	ànzhào	*prep.*	~에 따라
7	擦	cā	*v.*	바르다, 문지르다
8	爽肤水	shuǎngfūshuǐ	*n.*	토너, 스킨
9	乳液	rǔyè	*n.*	로션
10	请坐	qǐngzuò	*v.*	앉으세요
11	椅子	yǐzi	*n.*	의자
12	用脑	yòngnǎo	*v.*	머리를 쓰다, 골똘히 생각하다
13	过度	guòdù	*adj.*	지나친, 과도한
14	感觉	gǎnjué	*n./v.*	감각, 느낌/느끼다
15	而且	érqiě	*conj.*	게다가, ~뿐만 아니라
16	费心	fèixīn	*v.*	마음을 쓰다, 걱정하다
17	担心	dānxīn	*v.*	염려하다, 걱정하다
18	还	hái	*adv.*	아직, 또, 더
19	影响	yǐngxiǎng	*n./v.*	영향(을 주다)
20	程度	chéngdù	*n.*	정도, 수준

* 化装师: 메이크업 아티스트

[Text 3-11] 化妆准备(huà zhuāng zhǔn bèi)

经　理：您好. 您是上次预约的 Christine吧.
nín hǎo. nín shì shàng cì yù yuē de Christine ba.
在见到您很高兴.
zài jiàn dào nín hěn gāo xìng.

顾　客：我两天前做了皮肤护理, 今天来做新娘妆.
wǒ liǎng tiān qián zuò le pí fū hù lǐ, jīn tiān lái zuò xīn niáng zhuāng.

经　理：是的. 我记得您. 您和Jenny设计师预订好了吗?
shìde. wǒ jì dé nín. nín hé Jenny shè jì shī yù dìng hǎo le ma?
我带您看看. 请到这边来.
wǒ dài nín kàn kan. qǐng dào zhè biān lái.

化装师：欢迎光临!
huān yíng guāng lín!

顾　客：你好. 在家已经洗了脸和头发了.
nǐ hǎo. zài jiā yǐ jing xǐ le liǎn hé tóu fā le.

化装师：基础化妆品用了吗?
jī chǔ huà zhuāng pǐn yòng le ma?

顾　客：按照上次告诉的那样, 洗脸后只擦爽肤水和乳液就来了. 没关系吧?
àn zhào shàng cì gào su de nà yàng, xǐ liǎn hòu zhǐ cā shuǎng fū shuǐ hé rǔ yè jiù lái le. méi guān xi ba?

化装师：当然可以. 请坐在化妆椅上.
dāng rán kě yǐ. qǐng zuò zài huà zhuāng yǐ shàng.

顾　客：可能是用脑过度, 皮肤有一种暗沉的感觉.
kě néng shì yòng nǎo guò dù, pí fū yǒu yì zhǒng àn chén de gǎn jué.
没关系吗?
méi guān xi ma?

化装师：可能是因为紧张, 而且还有很多需要费心的事情.
kě néng shì yīn wèi jǐn zhāng, ér qiě hái yǒu hěn duō xū yào fèi xīn de shì qing.
但是请不要担心, 还没有到影响化妆的程度.
dàn shì qǐng bú yào dān xīn, hái méi yǒu dào yǐng xiǎng huà zhuāng de chéng dù.

메이크업 준비

매니저: 안녕하세요? 지난 번 예약하셨던 크리스틴님이시죠?
다시 뵙게 되어 반갑습니다.

고 객: 이틀 전에 피부 관리를 했고 오늘은 웨딩 메이크업을 받으러 왔습니다.

매니저: 네. 기억합니다. Jenny 디자이너와 예약이 돼 있으시죠?
안내해 드리겠습니다. 이쪽으로 오세요.

M/U 아티스트: 어서오세요. 고객님!

고 객: 안녕하세요. 집에서 세안과 샴푸를 하고 왔어요.

M/U 아티스트: 네. 기초 화장품은 바르셨나요?

고 객: 지난 번 알려주신 대로 세안 후 스킨과 로션만 바르고 왔어요. 괜찮겠죠?

M/U 아티스트: 네 괜찮습니다. 메이크업 의자에 앉으실까요?

고 객: 신경을 많이 써서 그런지 피부가 칙칙한 느낌이 들어요.
괜찮을까요?

M/U 아티스트: 아무래도 긴장도 되고 신경 쓰일 일도 많고 해서 그럴 수 있는데
메이크업에 문제될 만큼은 아니니 걱정하지 마세요.

12. 메이크업 컨셉(化妆风格, huà zhuāng fēng gé)

[Words and Expressions 3-12]

1	明亮	míngliàng	*adj.*	맑은,밝은
2	透明	tòumíng	*adj.*	투명한, 순수한
3	消除	xiāochú	*v.*	없애다, 제거하다
4	浓妆	nóngzhuāng	*n./v.*	짙은 화장(을 하다)
5	暗沉	àn chén	*adj.*	칙칙한, 어두운
6	干净	gānjìng	*adj.*	깨끗한, 청결한
7	裸妆	luǒzhuāng	*n.*	투명 화장, 누드 메이크업
8	体现	tǐxiàn	*n./v.*	구현(하다)
9	闪亮	shǎnliàng	*v.*	반짝이다, 번쩍이다
10	色彩	sècǎi	*n.*	색채, 빛깔
11	代表	dàibiǎo	*n./v.*	대표(하다)
12	部位	bùwèi	*n.*	부위, 위치
13	珠光	zhūguāng	*n.*	펄
14	粉	fěn	*n.*	파우더, 가루, 분말
15	严肃	yánsù	*adj.*	엄숙한, 진지한
16	凝重	níngzhòng	*adj.*	진중한, 엄숙한
17	活泼	huópō	*adj.*	활발한, 생동감 있는
18	气质	qìzhì	*n.*	성격, 기질
19	转换	zhuǎnhuàn	*n./v.*	전환(하다)
20	宾客	bīnkè	*n.*	손님, 빈객
21	轻浮	qīngfú	*adj.*	경박한, 가벼운
22	玫瑰	méigui	*n.*	장미(꽃)

[Text 3-12] 化妆风格(huà zhuāng fēng gé)

顾　客: 你会给我化一个什么风格的妆呢?
nǐ huì gěi wǒ huà yí gè shén me fēng gé de zhuāng ne?

化装师: 今天我要选择一个明亮透明的方式来消除浓妆带来的暗沉.
jīn tiān wǒ yào xuǎn zé yí ge míng liàng tòu míng de fang shì lái xiāo chú nóng zhuāng dài lai de àn chén.
使用干净健康的裸妆.
shǐ yòng gān jìng jiàn kāng de luǒ zhuāng.
为了体现闪亮的色彩,
wèi le biǎo xiàn shǎn liàng de sè cǎi,
会使用最近新娘们的代表色: 粉色
huì shǐ yòng zuì jìn xīn niáng men de dài biǎo sè: fěn sè.
在T字区部位使用珠光粉,
zài T zì qū bù wèi shǐ yòng zhū guāng fěn,
让婚礼这个严肃而凝重的场合,
rang hūn lǐ zhè ge yán sù ér níng zhòng de chăng hé,
让新娘用年轻活泼的气质来转换.
ràng xīn niáng yòng nián qīng huó pō de qì zhi lái zhuǎn huàn.

顾　客: 宾客们看起来不会太轻浮吧?
bīn kè men kàn qǐ lái bú huì tài qīng fú ba?

化装师: 新娘和五月的婚礼让人联想起玫瑰.
xīn niáng hé wǔ yuè de hūn lǐ ràng rén lián xiǎng qǐ méi guī.
你可以把它想象成一种光彩照人的氛围.
nǐ kě yǐ bǎ tā xiǎng xiàng chéng yù zhǒng guāng cǎi zhào rén de fēn wéi.
虽然活泼但不轻浮.
suī rán huó pō dàn bù qīng fú.

메이크업 컨셉

고　객: 어떤 콘셉트로 메이크업을 해주실 건가요?

M/U 아티스트: 오늘은 맑고 투명해 보이는 페이스를 선택해서 진한 화장으로 인한 칙칙함을 없애고 깨끗하고 건강한 누드톤의 메이크업을 할 겁니다.

샤이닝 하이라이트를 표현하기 위해 요즘 신부들의 대표 색상인 글로시 핑크를 사용하겠습니다.

T존 부위에는 펄 파우더를 사용해 결혼식이라는 자칫 엄숙하고 무거운 분위기의 신부를 발랄하고 젊음을 느낄 수 있는

세련된 신부로 표현하도록 하겠습니다.

고　객: 하객들에게 너무 가벼워 보인다고 느끼진 않겠지요?

M/U 아티스트: 장미를 떠올리게 하는 신부와 계절의 여왕 5월의 결혼식에 맞추어서

화사하고 밝은 분위기라고 생각하시면 됩니다.

발랄하지만 가볍지는 않은 분위기이니까요.

13. 아이 메이크업(眼妆, yǎn zhuāng)

[Words and Expressions 3-13]

1	嘴唇	zuǐchún	*n.*	입술
2	颜色	yánsè	*n.*	색, 색깔
3	眼影	yǎnyǐng	*n.*	아이 섀도
4	华丽	huálì	*adj.*	화려한
5	耀眼	yàoyǎn	*adj.*	눈부신
6	唇彩	chúncǎi	*n.*	립글로스
7	表现	biǎoxiàn	*n./v.*	표현(하다)
8	年轻	niánqīng	*adj.*	젊은, 어린
9	水润	shuǐrùn	*adj.*	물광의,촉촉한
10	腮红	sāihóng	*n.*	볼 터치, 연지
11	联想	liánxiǎng	*v.*	연상하다
12	脸颊	liǎnjiá	*n.*	볼, 뺨
13	听起来	tīngqǐlái	*v.*	~하게 들리다
14	满意	mǎnyì	*adj.*	만족하는, 마음에 드는
15	睫毛	jiémáo	*n.*	속눈썹
16	可爱	kěài	*adj.*	사랑스러운, 귀여운

[Text 3-13] 眼妆(yăn zhuāng)

顾　客: 嘴唇用什么颜色呢?
zuĭ chún yòng shén me yán sè ne?

化装师: 应该使用与眼影的华丽感相吻合的不刺眼的粉色唇彩.
yìng gāi shĭ yòng yŭ yăn jĭng de huá lì găn wĕn hé de bú cì yăn de fĕn sè chún căi.
将表现出年轻水润健康的嘴唇.
jiāng biăo xiàn chū nián qīng shuĭ rùn jiàn kāng de zuĭ chún.

顾　客: 是这样啊! 是我喜欢的风格, 腮红要什么颜色?
shì zhè yang a. shì wŏ xĭ huan de fēng gé, sāi hóng yào shén me yán sè?

化装师: 使用有点红色的粉色腮红能够联想到新娘的脸颊.
shĭ yòng yŏu diăn hóng sè de fĕn sè sāi hóng néng gòu lián xiăng dào xīn niáng de liăn jiá.

顾　客: 太好了. 听起来好像很漂亮, 请快点给我化吧.
tài hăo le. tīng qĭ lái hăo xiàng hĕn piào liang, qĭng kuài diăn gĕi wŏ huà ba.

化装师: 那么, 您现在的眼影颜色满意吗?
nà me, nín xiàn zài di yăn yĭng yán sè măn yì ma?

顾　客: 很满意, 都结束了吗?
hĕn măn yì, dōu jié shù le ma?

化装师: 是的. 这样眼影和睫毛,
shì de. zhè yang yăn yĭng hé jié máo,
还有睫毛膏就完成了请再次确认一下.
hái yŏu jié máo gāo jiù wán chéng le qĭng zài cì què rèn yí xià.

顾　客: 好.
hăo.

化装师: 现在眼部化妆完成了. 您看看怎么样, 还满意吗?
xiàn zài yăn bù huà zhuāng wán chéng le. nín kàn kan zĕn me yang hái măn yì ma?

顾　客: 很好, 很喜欢.
hĕn hăo, hĕn xĭ huan.
眼睛变的很可爱, 有种新娘的感觉.
yănjīng biàn de hĕn kĕ ài, yŏu zhŏng xīn niáng de găn jué.

아이 메이크업

고 객: 입술은 어떤 색으로 하나요?

M/U 아티스트: 아이섀도의 화사함과 어울릴 수 있으면서 요란하지 않은 핑크톤 립 글로스를 사용합니다.

젊고 촉촉하고 건강한 입술을 표현하겠습니다.

고 객: 그렇군요. 제가 좋아하는 스타일이예요. 볼 색은 어떤 걸로 하게 되나요?

M/U아티스트: 약간의 붉은 톤이 들어간 핑크색 볼연지를 사용해 수줍은 신부의 볼을 연상할 수 있게 표현합니다.

고 객: 네. 좋아요. 예쁘게 해주세요.

M/U 아티스트: 자, 고객님 지금의 아이섀도우 색상은 어떠세요?

고 객: 네. 마음에 들어요. 다 끝난 건 아니죠?

M/U 아티스트: 네.아이라이너와 속눈썹, 그리고 마스카라까지 완성되면 다시 확인하실 수 있으십니다.

고 객: 네.

M/U 아티스트: 자 이제 아이 메이크업이 완성됐어요. 고객님 보시기에 어떠신가요?

고 객: 네 맘에 듭니다.

눈이 변해서 사랑스러운 신부가 된 느낌이에요.

14. 립 메이크업(唇妆, chúnz huāng)

[Words and Expressions 3-14]

1	接	jiē	*v.*	이어지다, 연결하다
2	样子	yàngzi	*n.*	모양, 형태, 모습
3	亮	liàng	*adj.*	밝은, 빛나는
4	将	jiāng	*adv.*	~할 것으로, ~일 것으로
5	差别	chābié	*n.*	차이, 구별
6	不管	bùguǎn	*conj.*	~에 관계없이
7	弱	ruò	*adj.*	약한, 연약한
8	底妆	dǐzhuāng	*n.*	기초화장
9	粉底液	fěndǐyè	*n.*	파운데이션
10	处理	chǔlǐ	*v.*	처리하다, 해결하다
11	将会	jiānghuì	*aux.*	~할 것이다
12	几乎	jīhū	*adv.*	거의

[Text 3-14] 唇妆(chúnz huāng)

顾　客: 接下来是嘴唇吗?
jiè xià lái shì zuǐ chún ma?

化装师: 嘴唇的颜色选择这个样子的. 怎么样呀?
zuǐ chún de yán sè xuǎn zé zhè ge yang zi de. zěn me yang ya?

顾　客: 比想象中的更亮. 很好, 继续化吧.
bǐ xiǎng xiàng zhōng de gèng liàng. hěn hǎo, jì xù huà ba.

化装师: 看到的和使用的将会有一点差别.
kàn dào de hé shǐ yòng de jiāng huì yǒu yì diǎn chā bié.
不管怎么说平时化妆的时候会比现在的粉红色要弱.
bù guǎn zěn me shuō píng shí huà zhuāng de shí hou huì bǐ xiàn zài de fěn hóng sè yào ruò.
因为嘴唇用的是基础颜色.
yīn wèi zuǐ chún yòng de shì jī chǔ yán sè.
所以现在嘴唇的底妆是用的粉底液处理的看到的颜色将会是几乎一样的.
suǒ yǐ xiàn zài zuǐ chún de dǐ zhuāng shì yòng de fěn dǐ tè chǔ lǐ de kàn dào de yán sè jiāng huì shì jī hū yī yàng de.

顾　客: 是啊.
shì a.

化装师: 现在唇妆完成了, 怎么样呢?
xiàn zài chún zhuāng wán chéng le, zěn me yang ne?

顾　客: 真好.
zhēn hǎo.

립 메이크업

고 객: 다음은 입술인가요?

M/U 아티스트: 네. 입술 색상으로는 이런 색깔을 선택했습니다. 어떠세요?

고 객: 생각보다 연한 빛깔이군요. 계속해 주세요.

M/U 아티스트: 보기하고 바른 다음의 느낌과는 조금 차이가 있을 겁니다.

아마도 보통 화장 때는 지금 보시는 것보다 약간 진한 분홍으로 표현될 겁니다.

입술의 기본 색이 깔려 있기 때문이죠.

그래서 지금은 입술 베이스에 파운데이션 처리를 해서 보시는 색과 거의 흡사한 결과가 나올 겁니다.

고 객: 네. 그렇군요.

M/U 아티스트: 자 입술 화장이 완성됐습니다. 어떠십니까?

고 객: 네. 좋아요.

15. 메이크업 하이라이트(妆容亮点, zhuāng róng liàng diǎn)

[Words and Expressions 3-15]

1	强调	qiángdiào	*v.*	강조하다
2	整体	zhěngtǐ	*n.*	전체, 전부
3	亮点	liàngdiǎn	*n.*	포인트
4	嗯	èng	*int.*	응, 그래
5	下巴	xiàba	*n.*	턱
6	棱角	léngjiǎo	*n.*	모서리, 각
7	烦恼	fánnǎo	*n./v.*	걱정(하다), 번뇌(하다)
8	修饰	xiūshì	*v.*	꾸미다, 단장하다
9	简单	jiǎndān	*adj.*	간단한, 단순한
10	盖住	gàizhù	*v.*	덮다
11	保持	bǎochí	*v.*	유지하다
12	开始	kāishǐ	*n./v.*	시작(하다), 개시(하다)
13	明暗	míngàn	*n.*	명암
14	进一步	jìnyíbù	*adv.*	나아가서

[Text 3-15] 妆容亮点(zhuāng róng liàng diǎn)

化装师: 现在需要强调脸颊和整体的亮点.
xiàn zài xū yào qiáng diào liǎn jiá hé zhěng tǐ de liàng diǎn.
没有特别强调的部位吗?
méi yǒu tè bié qiáng tiáo dī bù wèi ma?

顾 客: 嗯. 我的下巴有点棱角, 很让我烦恼. 可以修饰吗?
én. wǒ dì xià ba yǒu diǎn lēng jué, hěn ràng wǒ fán nǎo. kě yǐ xiū shì ma?

化装师: 可以简单用腮红盖住.
kě yǐ jiǎn dān yòng sāi hóng gài zhù.
但是, 如果想要在婚礼上长时间保持妆容,
dàn shì, rú guǒ xiǎng yào zài hūn lǐ shàng zhǎng shí jiān bǎo chí zhuāng róng,
需从底妆开始进行明暗处理.
xū cóng dǐ zhuāng kāi shǐ jìn xíng míng àn chǔ lǐ.
在目前您的底妆中充分考虑到明暗的粉底液处理.
zài mù qián nín de dǐ zhuāng zhōng chōng fěn kǎo lǜ dào mín gàn de fěn dǐ yè chǔ lǐ.
不用担心.
bú yòng dān xīn.
好, 现在已经完成了.
hǎo, xiàn zài yǐ jīng wán chéng le.
如有想要进一步修饰或不满意的部位请告诉我.
rú yǒu xiǎng yào jìn yí bù xiūshì huò bù mǎn yì de bù wèi qǐng gào su wǒ.

顾 客: 好的, 非常好, 我很满意. 谢谢.
hǎo de, fēi cháng hǎo, wǒ hěn mǎn yì. xiè xiè.

化装师: 好了, 妆容部分都化好了, 现在去发型设计室做发型就可以了. 谢谢.
hǎo le, zhuāng róng bù fen dōu huà hǎo le, xiàn zài qù fā xíng shè jì shì zuò fā xíng jiù kě yǐ le. xiè xiè.
您辛苦了, 发型设计室在这边.
nín xīn kǔ le, fā xíng shè jì shì zài zhè biān.

메이크업 하이라이트

M/U 아티스트: 이젠 볼과 전체적인 하이라이트 강조가 이루어 집니다.

특별히 주문하시고 싶은 부위는 없으신가요?

고 객: 네. 제가 턱이 약간 각져서 신경이 쓰여요. 보완할 수 있나요?

M/U 아티스트: 간단히 볼연지를 이용해 커버할 수 있습니다.

하지만 결혼식이라는 장시간 행사에 유지할 수 있는 메이크업을 원하신다면,

기초화장 베이스부터 명암 처리가 이루어져야 합니다.

현재 고객의 베이스에서 충분히 명암을 고려한 파운데이션 처리를 했습니다.

걱정하지 않으셔도 됩니다.

자 이제 완성되었습니다.

더 보완을 원하시거나 맘에 들지 않는 부위가 있으시면 말씀하십시오.

고 객: 네. 아주 좋아요. 만족합니다. 고맙습니다.

M/U 아티스트: 다음은 업스타일을 위해 헤어디자인실로 가시면 됩니다.

감사합니다. 긴 시간 수고하셨습니다. 헤어디자인실은 이쪽입니다.

Chapter 4. 피부 관리

Chapter 04.

피부 관리

pí fū guǎn lǐ

1. 피부관리 예약 1(皮肤护理预约 1, pí fū guǎn lǐ yù yuè)

[Words and Expressions 4-1]

1	需要	xūyào	v.	요구되다, 필요로 하다
2	美容	měiróng	v.	미용하다
3	皮肤	pífū	n.	피부
4	预约	yùyuē	n./v.	예약(하다)
5	时间	shíjiān	n.	시간
6	等一下	děngyīxià		잠시만 기다리세요
7	空儿	kònger	n.	여유
8	管理	guǎnlǐ	n./v.	관리(하다), 관할(하다)
9	提供	tígōng	v.	(자료, 문서 등을)제공하다
10	服务	fúwù	v.	근무하다, 서비스하다
11	按摩	ànmó	n./v.	안마(하다)
12	脸部	liǎnbù	n.	안면

13	和	hé	*conj./prep.*	그리고, ~와
14	面膜	miànmó	*n.*	마사지팩
15	相当	xiāngdāng	*v.*	상당하다, 엇비슷하다
16	基础	jīchǔ	*n.*	기초
17	包括	bāokuò	*v.*	포함하다, 포괄하다
18	头皮	tóupí	*n.*	두피
19	手	shǒu	*n.*	손
20	还有	háiyǒu	*conj.*	그리고
21	胳膊	gēbo	*n.*	팔
22	脚	jiǎo	*n.*	발
23	价格	jiàgé	*n.*	가격
24	选	xuǎn	*v.*	고르다, 선택하다
25	千万	qiānwàn	*adv.*	부디, 제발
26	忘记	wàngjì	*v.*	잊어버리다

[Text 4-1] 皮肤护理预约 1(pí fū guǎn lǐ yù yuè)

经理: 您好我是美容美发店的Cathy. 有什么需要帮助的吗?
nín hǎo wǒ shì měi róng měi fā diàn de Cathy. yǒu shén me xū yào bang zhù de ma?

顾客: 您好? 我想要预约明天的皮肤护理.
nǐ hǎo. wǒ xiǎng yào yù yuè míng tiān de pí fū guǎn lǐ.

经理: 好的, 想要预约明天什么时间的?
hǎo de, xiǎng yào yù yuē míng tiān shén me shí jiān de?

顾客: 明天早上.
míng tiān zǎo shàng.

经理: 明天的预约几乎全满了, 稍微等一下.
míng tiān de yù yuē jī hū quán mǎn le. shāo wēi děng yí xià.
我去看一下时间表. 10点半有空儿, 您怎么样?
wǒ qù kàn yí xià shí jiān biǎo. shí diǎn bàn yǒu kòng er, nín zěn me yàng?

顾客: 10点半吗? 好的. 具体提供的服务内容是什么?
shí diǎn bàn ma? hǎo de. jù tǐ tí gōng de fú wù nèi róng shì shén me?

经理: 60分钟的基础皮肤管理需要9万元.
liù shí fēn zhōng de jī chǔ pí fū guǎn lǐ xū yào 9 wàn yuán.
这个管理有面膜和脸部按摩两种.
zhè ge guǎn lǐ yǒu miàn mó hé liǎn bù àn mó liǎng zhǒng.
90分钟相当于皮肤管理的所有基础管理包括头皮,
jiǔ shí fēn zhōng xiāng dāng yú pí fū guǎn lǐ de suǒ yǒu jī chǔ guǎn lǐ bāo kuò tóu pí,
手和胳膊还有脚.
shǒu hé gē bo hái yǒu jiǎo.
价格是十八万元.
jià gé shì shí bā wàn yuán.

顾客: 我选九十分钟管理皮肤的服务.
wǒ xuǎn jiǔ shí fēn zhōng guǎn lǐ pí fū de fú wù.

经理: 好. 那么明天10点半见吧. 千万不要忘记时间.
hǎo. nà me míng tiān shí diǎn bàn jiàn ba. qiān wàn bú yào wàng jì shí jiān.
谢谢您的来电. 那明天见吧.
xiè xie nín de lái diàn. nà míng tiān jiàn ba.

피부관리 예약 1

매니저: 뷰티 살롱의 Cathy입니다. 무엇을 도와드릴까요?

고　객: 안녕하세요? 내일 피부 관리 예약을 하고 싶습니다.

매니저: 네, 언제로 예약하고 싶으세요?

고　객: 내일 아침이요.

매니저: 내일 예약은 거의 다 찼는데요, 잠시만 기다려 주십시오.

스케줄을 살펴보겠습니다. 10시 30분에 빈 시간이 있는데 어떠세요?

고　객: 10시 30분이요? 좋아요. 구체적으로 제공하는 서비스 내용이 무엇인가요?

매니저: 60분 피부관리는 9만 원으로 기본적인 관리입니다.

이 관리는 두 가지 종류의 마스크와 얼굴 마사지로 이루어집니다.

90분에 해당하는 피부 관리는 기본적인 관리에 두피, 손과 팔,

그리고 발 마사지가 추가로 이루어집니다.

가격은 18만 원입니다.

고　객: 90분 피부 관리 서비스로 할게요.

매니저: 네. 그러면 내일 10시 30분에 뵐게요. 시간 잊지 마세요.

전화 주셔서 감사합니다. 그럼 내일 뵙겠습니다.

2. 피부관리 예약 2(皮肤护理预约, pí fū guǎn lǐ yù yuè)

[Words and Expressions 3-2]

1	帮助	bāngzhù	*n./ v.*	도움/돕다
2	稍微	shāowēi	*adv.*	다소
3	去	qù	*v.*	가다
4	可以	kěyǐ	*aux.*	~할 수 있다
5	外表	wài biǎo	*n.*	겉, 용모
6	下午	xiàwǔ	*n.*	오후
7	幸好	xìnghǎo	*adv.*	다행히
8	时间表	shíjiānbiǎo	*n.*	시간표
9	对不起	duìbuqǐ	*v.*	미안합니다
10	还是	háishi	*adv.*	여전히
11	清楚	qīngchu	*adj.*	분명한
12	最	zuì	*adv.*	가장
13	基本	jīběn	*n./adj.*	기본/기본의
14	左右	zuǒyòu	*n.*	좌우
15	护理	hùlǐ	*v.*	돌보다

[Text 4-2] 皮肤护理预约 2(pí fū guǎn lǐ yù yuè)

经理：您好．这里是trendy美发店．有什么需要帮助的吗？
nín hǎo. zhè lǐ shì trendy měi fà diàn. yǒu shén me xū yào bang zhù de ma?

顾客：你好．我想明天预约皮肤管理．
nǐ hǎo. wǒ xiǎng míng tiān yù yuē pí fū guǎn lǐ.

经理：好的．什么时候好？
hǎo de. shén me shí hou hǎo?

顾客：明天早上可以吗？
míng tiān zǎo shàng kě yǐ ma?

经理：稍微等一下．我去看一下时间表，可不可以预约．
shāo wēi děng yí xià. wǒ qù kàn yí xià shí jiān biǎo, kě bù kě yǐ yù yuē.
明天下午地预约都满了，幸好上午的时间都有空．
míng tiān xià wǔ dì yù yuē dōu mǎn le, xìng hǎo shàng wǔ dí shí jiān dōu yǒu kòng.
怎么样？
zěn me yàng?

顾客：好像有点早了．但是我可以早点去．
hǎo xiàng yǒu diǎn zǎo le. dàn shì wǒ kě yǐ zǎo diǎn qù.
还有都有哪些服务？
hái yǒu dōu yǒu nǎ xiē fú wù?

经理：有基本管理按摩，韩式按摩，提亮皮肤的按摩．
yǒu jī běn guǎn lǐ àn mó, hán shì àn mó, tí liàng pí fū de àn mó.
还有防止老化的按摩．
hái yǒu fang zhǐ lǎo huà de àn mó.
每个人的皮肤都不一样，需要多种管理．
měi ge rén de pí fū dōu bù yí yàng, xū yào duō zhǒng guǎn lǐ.
因此价格根据各皮肤类型或需要做的项目都有所不同．
yīn cǐ jià gé gēn jù gè pí fū lèi xíng huò xū yào zuò de xiàng mù dōu yǒu suǒ bù tóng.
最普通的护肤从5万元起．
zuì pǔ tōng de hù fū cóng wǔ wàn yuán qǐ.
您想什么服务？
nín xiǎng shén me fú wù?

피부관리 예약 2

매니저: 트렌디 살롱입니다. 저는 Kate입니다. 무엇을 도와드릴까요?

고　객: 안녕하세요. 내일 피부관리 예약을 하고 싶습니다.

매니저: 네, 언제가 좋으세요?

고　객: 내일 아침에 가능할까요?

매니저: 네, 잠시만 기다려 주세요. 내일 가능한지 스케줄을 살펴 보겠습니다.

네. 다행히도 내일 오후 예약은 다 찼지만, 오전 시간은 비었습니다.

어떠십니까?

고　객: 좀 이르기는 하지만, 그렇게 할게요.

그리고 어떤 서비스들을 제공하시나요?

매니저: 기본 관리인 매뉴얼 마사지가 있고, 한국형 마사지, 피부를 맑게 해주는 마사지 그리고 노화 방지를 위한 마사지가 있습니다.

사람들마다 피부가 다르고 여러가지 관리를 필요로 합니다.

그 때문에 가격은 각 피부 타입이나 필요사항에 따라 다릅니다.

가장 일반적인 피부관리는 5만 원 선부터 있습니다.

어떤 서비스를 염두에 두고 계시나요?

顾客: 对不起, 我还是不太清楚. 每项服务的特点都是什么?
duì bu qǐ, wǒ hái shì bú tài qīng chǔ. měi xiàng fú wù de tè diǎn dōu shì shén me?

经理: 最一般的管理费用为5万元,
zuì yì bān de guǎn lǐ fèi yong wèi wǔ wàn yuán,
由基本脸部按摩和两种面膜(谷物面膜和蜂蜜面膜)组成.
yóu jī běn liǎn bù àn mó hé liǎng zhǒng miàn mó (gǔ wù miàn mó hé fēng mì mi àn mó) zǔ chéng.
可以认为是60分钟左右的基本皮肤护理.
kě yǐ rèn wéi shì liù shí fēn zhōng zuǒ yòu de jī běn pí fū hù lǐ.
如果想要接受更集中的按摩, 可以接受韩国式按摩.
rú guǒ xiǎng yào jiē shòu gèng jí zhōng de àn mó kě yǐ jiē shòu hán guó shì àn mó.
但是特殊按摩韩国型按摩和提亮皮肤的按摩和抗老化按摩需要追加费用.
dàn shì tè shū àn mó hán guó xìng àn mó hé tí liàng pí fū de àn mó hé kàng lǎo huā àn mó xū yào zhuī jiā fèi yòng.
所以费用会稍微高一些. 您想要什么服务?
suǒ yǐ fèi yong huì shāo wēi gāo yì xiē. nín xiǎng yào shén me fú wù?

顾客: 明天过去仔细了解后再决定也可以吧?
míng tiān guò qù zǐ xì liǎo jiē hòu zài jué ding yě kě yǐ ba?

经理: 好的, 可以. 明天您的预约时间是上午十点半.
hǎo de, kě yǐ. míng tiān nín de yù yuē shí jiān shì shàng wǔ shí diǎn bàn.
咨询后会知道什么样的按摩更适合您的皮肤.
zī xùn hòu huì zhī dào shén me yang de àn mó gèng shì hé nín de pí fū.
如果突然有事要延期的话请提前给我打电话.
rú guǒ tū rán yǒu shì yāo yán qī de huà qǐng tí qián gěi wǒ dǎ diàn huà.

고　객: 미안하지만 잘 모르겠어요. 각각의 서비스는 특징이 뭔가요?

매니저: 가장 일반적인 관리 비용은 5만원으로,

기본 얼굴 마사지와 두 가지 마스크(곡물 마스크와 벌꿀 팩)로 이루어집니다.

60분 정도의 기본적인 피부 관리라고 생각하시면 됩니다.

만약 조금 더 집중적인 마사지를 받고 싶으시다면 한국형 마사지를 받으시면 됩니다.

하지만 특수 마사지인 한국형 마사지와 피부를 맑게 해주는 마사지와 노화방지 마사지는 추가 비용을 내야하기 때문에 비용은 좀 더 추가될 거예요.

어떤 피부 관리를 받고 싶으세요?

고　객: 내일 방문해 상담 후 특수마사지로 결정할게요. 가능하죠?

매니저: 알겠습니다. 고객님의 내일 예약 시간은 오전 10시 30분 입니다.

상담 후에 어떤 마사지가 고객님 피부와 맞을지 알게 될 거예요.

만약 늦어지시면 전화주세요.

3. 스파 예약 1(SPA 预约, SPA yù yuē)

[Words and Expressions 4-3]

1	宾馆	bīnguǎn	*n.*	호텔
2	使用	shǐyòng	*n./ v.*	사용(하다)
3	设施	shèshī	*n.*	시설
4	桑拿	sāngná	*n.*	사우나
5	健身房	jiànshēnfáng	*n.*	헬스장
6	室内	shìnèi	*n.*	실내
7	游泳池	yóuyǒngchí	*n.*	수영장, 풀
8	桑拿房	sāngnáfáng	*n.*	한증막
9	项目	xiàngmù	*n.*	항목
10	费用	fèiyong	*n.*	비용, 지출
11	水疗	shuǐliáo	*n.*	하이드로테라피
12	芳香疗法	fāngxiāngliáofǎ	*n.*	아로마테라피, 향기요법
13	套餐	tàocān	*n.*	패키지상품
14	全身	quánshēn	*n.*	전신

[Text 4-3] SPA 预约(SPA yù yuē)

经理: 您好. 是 Sharon spa 有什么需要帮助的吗?
nín hǎo. shì Sharon spa yǒu shén me xū yào bang zhù ma?

顾客: 你好. 我叫 sunny.
nǐ hǎo. wǒ jiào sunny.
我想知道我们在宾馆的 spa 里可以使用哪些设施.
wǒ xiǎng zhī dào wǒ men zài bīn guǎn de spa lǐ kě yǐ shǐ yòng nǎ xiē shè shī.

经理: 我们宾馆有 spa 按摩、桑拿、健身房和室内游泳池.
wǒ men bīn guǎn yǒu spa àn mó, sang ná, jiàn shēn fang hé shì nèi yóu yǒng chí.
桑拿房和健身房可从上午10点到晚上8点使用,
sang ná fang hé jiàn shēn fang kě chóng shàng wǔ shí diǎn dào wǎn shàng bā dian shǐ yòng,
游泳池可从上午9点到晚上9点使用.
yóu yǒng shí kě cóng shàng wǔ jiǔ diǎn dào wǎn shàng jiǔ diǎn shǐ yòng.
按摩从上午9点到晚上9点可以.
àn mó cóng shàng wǔ jiǔ diǎn dào wǎn shàng jiǔ diǎn kě yǐ.

顾客: 是啊. 可以给我介绍一下SPA项目和费用吗?
shì a. kě yǐ gěi wǒ jiè shào yí xià SPA xiàng mu hé fèi yong ma?

经理: 按摩是水疗20分钟6万韩元起,
àn mó shì shuǐ liáo èr shí fēn zhōng kiù wàn hán yuán qǐ,
芳香疗法有3小时25万韩元的套餐.
fang xiāng liáo fǎ yǒu sān xiǎo shí èr shí wǔ wàn hán yuán de tào cān.

顾客: 水疗法是什么?
shuǐ liào fǎ shì shén me?

经理: 水疗是利用水按摩全身的项目.
shuǐ liào shì lì yòng shuǐ àn mó quán shēn de xiàng mu.

스파 예약 1

매니저: 안녕하십니까? 샤론 스파입니다. 무엇을 도와 드릴까요?

고　객: 안녕하세요? 써니라고 합니다.

이 호텔 스파에서 어떤 시설을 이용할 수 있는지 알고 싶습니다.

매니저: 저희 호텔에는 스파 마사지, 사우나, 체력단련실과 실내 수영장이 있습니다.

사우나와 체력단련실은 오전 10시부터 오후 8시,

수영장은 오전 9시부터 오후 8시까지 사용 가능합니다.

마사지는 오전 9시부터 오후 9시까지 받으실 수 있습니다.

고　객: 아 그래요. 스파 프로그램과 비용을 알려 주시겠습니까?

매니저: 마사지는 하이드로테라피 20분에 6만 원부터 아로마테라피는

3시간에 25만 원 코스가 있습니다.

고　객: 하이드로테라피가 무엇입니까? 그리고 그 밖에 다른 마사지가 있습니까?

매니저: 하이드로테라피는 물을 이용하여 전신을 마사지하는 프로그램입니다.

4. 스파 예약 2 (SPA 预约, SPA yù yuē)

[Words and Expressions 4-4]

1	除此之外	chú cǐ zhī wài		이 외에, 이 밖에, 그 밖에
2	脚部护理	jiǎobùhùlǐ		발 관리
3	刺激	cìjī	*n./ v.*	자극(하다)
4	指压	zhǐyā	*n.*	지압
5	缓解	huǎnjiě	*v.*	완화되다, 풀어지다
6	脚底	jiǎodǐ	*n.*	발바닥
7	作为	zuòwéi	*n./ v.*	~로 여기다
8	参考	cānkǎo	*n./ v.*	참고(하다)
9	确认	quèrèn	*n./ v.*	확인(하다)
10	足底按摩	zúdǐànmó	*n.*	발 마사지
11	取消	qǔxiāo	*v.*	취소하다, 제거하다
12	提前	tíqián	*adv.*	일찍, 미리, 전에
13	内容	nèiróng	*n.*	내용
14	随时	suíshí	*adv.*	수시로, 언제나
15	前台	qiántái	*n.*	프론트, 카운터, 무대 앞쪽

[Text 4-4] SPA 预约 2(SPA yù yuē)

顾客: 还有水疗以外有别的按摩吗?
hái yǒu shuǐ liáo yǐ wài yǒu bié de àn mó ma?

经理: 除此之外, 有脚部按摩.
chú cǐ zhī wài, yǒu jiǎo bù àn mó.
脚部护理是指压棒缓解脚底刺激的按摩.
jiǎo bù hù lǐ shì zhǐ yā bang huǎn jiě jiǎo dǐ cì ji de àn mó.
要按摩吗?
yào àn mó ma?

顾客: 谢谢您的介绍.
xiè xiè nín de jiè shào.

经理: 那么, 要给您预约一下按摩吗?
name, yào gěi nín yù yuē yí xià àn mó ma?

顾客: 好的. 预约一下脚部按摩.
hǎo de. yù yuē yí xià jiǎo bù àn mó.

经理: 您想几点按摩呢?
nín xiǎng jǐ diǎn àn mó ne?
作为参考, 按摩最好是饭前和吃饭后30分钟之后.
zuò wèi cān kǎo, àn mó zuì hǎo shì fàn qián hé chī fàn hòu sān shí fēn zhōng zhī hòu.

顾客: 那么下午两点可以.
nà me xià wǔ liǎng diǎn kě yǐ.

经理: 给您确认预约.
gěi nín què rèn yù yuē.
下午两点以Sunny先生的名字预约了足底按摩.
xià wǔ liáng diǎn yǐ Sunny xiān sheng de míng zi yù yuē le zú dǐ àn mó.
足底按摩需要40分钟.
zǔ dǐ àn mó xū yào sì shí fēn zhōng.
还有如果想取消预约的话请提前1小时取消.
hái yǒu rú guǒ xiǎng qǔ xiāo yù yuē de huà qǐng tí qián 1 xiǎo shí qǔ xiāo.

顾客: 好的, 知道了.
hǎo de, zhī dào le.

经理: 预约时间十分前来的话, 我们可以帮您简单的介绍一下按摩内容.
yù yuē shí jiān shí fēn qián lái de huà, wǒ men kě yǐ bang nín jiǎn dān de jiè shào yí xià àn mó nèi róng.

谢谢.
xiè xie.
想使用桑拿的话, 请在预约时间前来这里就可以.
xiǎng shǐ yòng sāng ná de huà, qǐng zài yù yuē shí jiān qián lái zhè lǐ jiù kě yǐ.
需要帮助的话, 请随时给九号或前台联系.
xū yào bang zhù de huà, qǐng suí shí gěi jiǔ hào huò qián tái lián xì.

顾客: 好. 知道了.
hǎo. zhī dào le.

经理: 谢谢您的来电. 下午两点见吧.
xiè xiè nín de lái diàn. xià wǔ liǎng diǎn jiàn ba.

스파 예약 2

고　객: 그리고 하이드로테라피 외에 다른 마사지가 있습니까?

매니저: 그 외에, 발 마사지가 있습니다.

발 관리는 지압봉을 이용하여 발바닥에 자극를 풀어주는 마사지입니다.

마사지를 받아 보시겠습니까?

고　객: 설명 감사합니다.

매니저: 고객님! 마사지를 예약해 드릴까요?

고　객: 네, 발 마사지로 예약해 주세요.

매니저: 마사지를 몇 시에 받으시겠습니까?

참고로 마사지는 식사전과 식사하고 30분 이후가 좋습니다.

고　객: 그러면 오후 2시가 좋겠습니다.

매니저: 예약을 확인해 드리겠습니다.

오후 2시 써니님 성함으로 발 마사지가 예약되었습니다.

발마사지는 40분이 소요됩니다.

그리고 예약 취소는 1시간 전까지 가능합니다.

고　객: 알겠습니다.

매니저: 예약 시간 10분 전에 오시면 저희가 간단히 시설을 안내 하겠습니다.

감사합니다.

사우나를 이용하시려면 예약시간 전에 시간을 맞춰 이곳으로 오시면 됩니다.

도움이 필요하시면 언제든지 구내번호 9번 혹은 프런트 데스크로 연락 주십시오.

고　객: 알겠습니다.

매니저: 감사합니다. 오후 2시에 뵙겠습니다.

5. 피부관리 상담 1(皮肤管理咨询, pí fū guǎn lǐ zī xún)

[Words and Expressions 4-5]

1	简单	jiǎndān	*adj.*	간단한
2	顺序	shùnxù	*n.*	순서
3	洗脸	xǐliǎn	*v.*	세수하다, 얼굴을 씻다
4	分析	fēnxi	*n./ v.*	분석(하다)
5	解毒	jiědú	*v.*	해독하다, 독을 없애다
6	提取	tíqǔ	*v.*	찾다
7	过多	guòduō	*adj.*	너무 많은
8	皮脂	pízhī	*n.*	피지
9	青春痘	qīngchūndòu	*n.*	여드름
10	肌肤	jīfū	*n.*	근육과 피부
11	产品	chǎnpǐn	*n.*	제품
12	及	jí	*conj./v.*	~와, ~과/ 도달하다, 이르다
13	彩妆	cǎizhuāng	*n.*	메이크업
14	改善	gǎishàn	*n./ v.*	개선(하다)
15	感觉	gǎnjué	*n./ v.*	감각, 느낌/ 느끼다

[Text 4-5] 皮肤管理咨询(pí fū guǎn lǐ zī xún)

皮肤美容师: 下面简单介绍一下90分钟地护肤服务.
xià miàn jiǎn dān jiè shào yí xià jiǔ shí fēn zhōng de hù fū fú wù.
管理顺序是1洗脸, 2皮肤分析, 3解毒,
guǎn lǐ shun xu shì 1 liǎn, 2 pí fū fēn xi, 3 jiě dú,
4提取(去除过多皮脂和青春痘), 5帮助肌肤休息的按摩,
4 tí qǔ (qù chú guò duō pí zhī hé qīng chūn dòu), 5 bāng zhù jī fū xiū xi de àn mó,
6面膜, 最后(基础产品及彩妆).
6 miàn mó, zuì hòu (jī chǔ chǎn pǐn jí cǎi zhuāng).

顾客: 很好啊
hěn hǎo a.

皮肤美容师: 护理后, 您希望顾客的皮肤怎么改善?
hù lǐ hòu, nín xī wàng gù kè de pí fū zěn me gǎi shàn?

顾客: 不太清楚. 但是, 最近皮肤感觉很重.
bú tài qīng chǔ. dàn shì, zuìjìn pí fū gǎn jué hěn zhòng.

피부관리 상담

피부미용사: 90분 피부 관리 서비스에 대해 간단하게 소개하겠습니다.

관리 진행은 세안, 피부 분석, 해독작용 마사지, 첫번째 마스크,

추출(과잉피지 및 여드름 제거), 피부 휴식을 도와주는 마사지, 두번째 마스크,

마무리(기초제품 및 메이크업) 순으로 구성되어 있습니다.

고　객: 좋은데요.

피부미용사: 피부 관리 후 고객님의 피부가 어떻게 개선되길 바라십니까?

고　객: 정확히 잘 모르겠어요. 그런데 요즘 피부가 무거운 느낌이 들어요.

6. 피부관리 상담 2(皮肤管理咨询, pí fū guǎn lǐ zī xún)

[Words and Expressions 4-6]

1	认为	rènwéi	*v.*	~로 여기다, 생각하다
2	状态	zhuàngtài	*n.*	상태
3	角质	jiǎozhì	*n.*	각질
4	是否	shìfǒu	*adv.*	~인지 아닌지
5	服用	fúyòng	*v.*	먹다. 복용하다
6	药	yào	*n.*	약
7	或许	huòxǔ	*adv.*	아마. 어쩌면.
8	一般	yìbān	*adj.*	같다, 보통이다
9	家庭护理	jiātínghùlǐ	*n.*	홈케어
10	去除	qùchú	*v.*	없애다, 제거하다
11	变	biàn	*v.*	바뀌다. 변하다
12	轻盈	qīngyíng	*adj.*	유연하다, 경쾌하다
13	干净	gānjìng	*adj.*	깨끗하다. 깔끔하다

[Text 4-6] 皮肤管理咨询 2(pí fū guǎn lǐ zī xún)

皮肤美容师: 我认为, 您的皮肤状态可能需要去角质.
wǒ rèn wèi, nín de pí fū zhuāng tài kě néng xū yào qù jiǎo zhì.
最近你是否服用青春痘药?
zuì jìn nǐ shì fǒu fú yòng qīng chūn dòu yào?
或许你在使用去角质产品?
huò xǔ nǐ zài shǐ yòng qù jiǎo zhì chǎn pín?

顾客: 没有. 我只是使用一般地家庭护理产品.
méi yǒu. wǒ zhǐ shì shǐ yòng yì bān de jiā tíng hù lǐ chǎn pǐn.

皮肤美容师: 好的, 那就好. 可以使用去角质产品.
hǎo de, nà jiù hǎo. kě yǐ shǐ yòng qù jiǎo zhì chǎn pǐn.
去除皮肤角质的话, 皮肤会变得轻盈干净.
qù chú pí fū jiǎo zhì de huà, pí fū huì biàn de qīng yíng gān jìng.

顾客: 太好了. 谢谢.
tàihǎole. xiè xiè.

피부관리 상담 2

피부미용사: 알겠습니다. 제 생각에는 고객님 피부 상태는 각질 제거가 필요할 것 같은데요.

최근 여드름 약을 복용하시나요?

혹은 각질 제거 제품을 사용하고 계십니까?

고 객: 아니요. 저는 그냥 일반적인 홈케어 제품을 사용할 수 있겠네요.

피부미용사: 네. 그렇다면 좋습니다. 각질 제거 제품을 사용할 수 있겠네요.

피부 각질을 제거하면 피부가 가벼워지고 깨끗해진 느낌이 드실 겁니다.

고 객: 좋을 것 같네요. 고마워요.

7. 안면 피부 분석 (面部皮肤分析, miàn bù pí fū fèn xi)

[Words and Expressions 4-7]

1	面部	miànbù	*n.*	얼굴, 안면
2	干燥	gānzào	*adj.*	건조하다
3	苦恼	kǔnǎo	*v.*	고민하다
4	有点儿	yǒu diǎn(r)	*adv.*	조금, 약간
5	实施	shíshī	*n./ v.*	실행(하다), 실시(하다)
6	看看	kànkan	*v.*	살펴보다, 관찰하다
7	之前	zhīqián	*n.*	~의 앞
8	闭	bì	*v.*	닫다, 막히다
9	眼睛	yǎnjing	*n.*	눈
10	护垫	hùdiàn	*n.*	패드
11	盖	gài	*n./ v.*	덮개, 뚜껑, 덮다
12	然后	ránhòu	*conj*	연후에
13	洗发	xǐfà	*v.*	머리를 감다
14	杀	shā	*v.*	죽이다, 전투하다
15	没事	méishì	*v.*	일이 없다, 용건이 없다
16	说明	shuōmíng	*v.*	설명하다
17	一下	yīxià(r)		시험삼아 한번 해보다
18	当然	dāngrán	*adj./ adv*	당연한, 물론/ 당연히
19	将	jiāng	*v.*	(일을)하다, 처리하다
20	类型	lèixíng	*n.*	유형
21	肤色	fūsè	*n.*	피부색
22	纹理	wénlǐ	*n.*	무늬, 결

[Text 4-7] 面部皮肤分析(miàn bù pí fū fèn xi)

皮肤美容师: 您的皮肤苦恼是什么?
nín de pí fū kǔ nǎo shì shén me?
顾客: 皮肤有点儿干燥.
pí fū yǒu diǎn er gān zào.
皮肤美容师: 好的. 实施皮肤管理之前, 先看看皮肤.
hǎo de. shí shī pí fū guǎn lǐ zhī qiān, xiān kàn kàn pí fū.
请闭上眼睛. 用眼睛护垫盖上眼睛.
qǐng bì yǎn jīng. yòng yǎn jīng hú diàn gài shàng yán jīng.
然后会使用洗发水, 可能会有点杀眼睛.
rán hòu huì shǐ yòng xǐ fà shuǐ, kě néng huì yǒu diǎn shā yǎn jing.
顾客: 没事. 可以说明一下我的皮肤状态吗?
méishì. kě yǐ shuō míng yí xià wǒ de pí fū zhuàng tài ma?
皮肤美容师: 当然. 下面将分析您的皮肤类型, 肤色和肌肤纹理.
dāng rán. xià miàn jiāng fēn xi nín de pí fū lèi xíng, fū sè hé jī fū wén lǐ.

안면 피부 분석

피부미용사: 고객님의 피부 고민은 무엇입니까?

고 객: 음, 피부가 조금 건조해요.

피부미용사: 알겠습니다. 피부관리를 시행하기 전에 피부를 살펴보겠습니다.

자, 눈을 감아주세요. 아이패드로 눈을 덮겠습니다.

그리고 우드캠프를 사용할 텐데 눈이 부실 수 있습니다.

고 객: 괜찮아요. 제 피부 상태에 대해 설명해 주실거죠?

피부미용사: 물론입니다. 고객님의 피부 유형과 피부톤, 피부결을 분석할 겁니다.

8. 건성 피부 (干性皮肤, gān xìng pí fū)

[Words and Expressions 4-8]

1	干性	gānxìng	*n.*	건성
2	分泌	fēnmì	*n./ v.*	분비(하다)
3	粗糙	cūcāo	*adj.*	거친, 투박한
4	例	lì	*n.*	예, 보기
5	首先	shǒuxiān	*n.*	맨 먼저, 첫째
6	温度	wēndù	*n.*	온도
8	来说	láishuō		~으로 말할 거 같으면
9	平衡	pínghéng	*n.*	균형, 평형
10	重要	zhòngyào	*v.*	중요하다.
11	因此	yīncǐ	*conj.*	그래서, 그러므로
12	皮脂腺	pízhīxiàn	*n.*	피지선
13	使	shǐ	*v.*	시키다, 하게하다
14	生成	shēngchéng	*v.*	생성되다, 생기다
15	全面	quánmiàn	*n.*	전면, 전체
16	适用	shìyòng	*v.*	적용하다
17	均匀	jūnyún	*adj.*	균일하다
18	好像	hǎoxiàng	*v.*	마치 ~와 같다
19	相同	xiāngtóng	*adj.*	서로 같은, 똑 같은
20	身体	shēntǐ	*n.*	신체
21	与	yǔ	*prep.*	~와 함께

[Text 4-8] 干性皮肤(gān xìng pí fū)

(干性皮肤类型: 例1)
(gān xìng pí fū lèi xíng: lì1)
首先您的皮肤类型是干性.
shǒu xiān nín de pí fū lèi xíng shì gàn xìng.
第二, 面部皮肤温度与身体温度相同, 肤色也均匀,
dì èr, miàn bù pí fū wēn dù yǔ shēn tǐ wēn dù xiāng tóng fū sè yě jūn yún,
皮肤好像有点变得粗糙了.
pí fū hǎo xiàng yǒu diǎn biàn dé cū cāo le.
洗脸后皮肤感觉怎么样?
xǐ liǎn hòu pí fū gǎn jué zěn me yàng?

(干性皮肤类型: 例2)
(gān xìng pí fū lèi xíng: lì2)
对您来说, 皮脂分泌的平衡很重要.
duì nín lái shuō, pí zhǐ fēn mì de tiān é róng hěn zhòng yào.
因此, 可以刺激皮脂腺, 使皮脂生成全面的皮肤管理.
yīn cǐ, kě yǐ cì jī pí zhǐ xiàn, shǐ pí zhǐ sheng chéng miàn dí pí fū guǎn lǐ.
适用于干性皮肤的面膜和按摩.
shì yòng yú gān xìng pí fū de miàn mó hé àn mó.

건성 피부

(건성 피부 유형: 예 1)

먼저 고객님의 피부 유형은 건성입니다.

두번째, 얼굴의 피부 온도가 몸의 온도와 같고 피부 톤도 고르지만, 피부 결이 약간 거칠어진 것 같습니다.

세안을 하신 후에는 피부가 어떤가요?

(건성 피부 유형: 예 2)

고객님의 경우에는 피지 분비의 밸런스가 중요합니다.

그래서 피지샘을 자극하고 피지 생성을 정상화할 수 있는 피부 관리가 되도록 하겠습니다.

건성피부를 위한 마스크와 마사지를 적용하겠습니다.

9. 중성 피부 (中性皮肤, zhōng xìng pí fū)

[Words and Expressions 4-9]

1	中性	zhōngxìng	*n.*	중성
2	光滑	guānghuá	*adj.*	매끄러운
3	略	lüè	*adv.*	약간, 대략
4	高于	gāoyú	*adj.*	~보다 높은
5	体温	tǐwēn	*n.*	체온
6	充足	chōngzú	*adj.*	충분한
7	正常	zhèngcháng	*adj.*	정상적인
8	坚持	jiānchí	*v.*	지속하다, 끝까지 버티다
9	持久	chíjiǔ	*adj.*	오래 유지하는
10	保持	bǎochí	*v.*	유지하다, 지키다
11	稳定	wěndìng	*adj./ v.*	안정한/ 안정시키다
12	重点	zhòngdiǎn	*n.*	중점
13	进一步	jìnyíbù	*adv.*	(한 걸음 더) 나아가
14	暂时	zànshí	*n.*	잠시, 잠깐
15	现象	xiànxiàng	*n.*	현상
16	保养	bǎoyǎng	*v.*	손보다, 정비하다
17	镇定	zhèndìng	*adj./ v.*	침착한, 차분한/ 진정시키다

[Text 4-9] 中性皮肤(zhōng xìng pí fū)

(**中性皮肤类型**: 例 1)
(zhōng xìng pí fū lèi xíng: lì 1)
皮肤状态非常好, 是中性皮肤.
pí fū zhuàng tài fēi cháng hǎo, shì zhōng xìng pí fū.
肤色均匀光滑, 但皮肤温度略高于体温.
fū sè jūn yún guāng huá, dàn pí fū wēn dù lüè gāo yú tǐ wēn.

(**中性皮肤类型**: 例 2)
(zhōng xìng pí fū lèi xíng: lì 2)
皮脂和水分充足, 是皮肤状态非常好的正常皮肤.
pí zhǐ hé shuǐ chōng zú, shì pí fū zhuàng tài fēi cháng hǎo de zhèng cháng pí fū.
坚持管理, 可持久保持好肌肤.
jiān chí guǎn lǐ, kě chí jiǔ bǎo chí hǎo jī fū.

(**中性皮肤有现**: 例 3)
(zhōng xìng pí fū lèi xíng: lì 3)
皮肤很好.
pí fū hěn hǎo.
皮肤按摩, 或家中的稳定管理, 皮肤状态保持是重点.
pí fū àn mó, huò jiā zhōng de wěn ding guǎn lǐ, pí fū zhuàng tài bǎo chí shì zhòng diǎn.
我来帮您做面膜和按摩.
wǒ lái bang nín zuò miàn mó hé àn mó.
需要进一步说明的是, 您的面部皮肤温度略高,
xū yào jìn yí bù shuō míng de shì, nín de miàn bu pí fū wēn dù luè gāo,
我觉得这只是暂时的现象.
wǒ jué de zhè zhǐ shì zàn shí de xiàn xiàng
所以今天的保养重点是镇定皮肤温度.
suǒ yǐ jīn tiān de bǎo yang zhòng diǎn shì zhèn ding pí fū wēn dú.

중성 피부

(중성 피부 유형: 예 1)

피부 상태가 매우 좋으며 중성 피부입니다.

피부 톤도 고르고 매끄럽지만 피부 온도가 체온보다 약간 높습니다.

(중성 피부 유형: 예 2)

피지와 수분이 충분해 피부 상태가 매우 좋은 정상 피부입니다.

꾸준히 관리를 잘 해 주시면 좋은 피부를 지속적으로 유지하실 수 있습니다.

(중성 피부 유형: 예 3)

피부가 좋네요.

피부 마사지나 집에서 꾸준한 관리를 통해 피부 상태를 유지하는데 중점을 두셔야 합니다.

제가 마스크와 마사지를 시행하겠습니다.

한 가지 더 말씀 드리고 싶은 것은 고객님의 얼굴 피부 온도가 약간 높은데,

제 생각에는 일시적인 현상인 것 같습니다.

그래서 오늘 관리는 피부 온도를 진정시키는 것에 초점을 맞추겠습니다.

10. 복합성 피부(复合型皮肤, **fù hé xíng pí fū**)

[Words and Expressions 4-10]

1	复合型	fùhéxíng	*n.*	복합성
2	出现	chūxiàn	*v.*	출현하다, 나타나다
3	油性	yóuxìng	*n.*	지성
4	即	jí	*adv.*	즉, 곧, 바로
5	也就是说	yějiùshishuō		바꾸어(다시) 말하면 ~이다
6	鼻子	bízi	*n.*	코
7	T 字区部位	T zìqūbùwèi		T존 부위
8	额头	étou	*n.*	이마
9	旺盛	wàngshèng	*adj.*	왕성하다
10	为了	wèile	*prep.*	~을 하기 위하여
11	均衡	jūnhéng	*n./ adj.*	균형, 평형/ 고른, 균형이 잡힌
12	进行	jìnxíng	*v.*	진행하다, 전진하다
13	部位	bùwèi	*n.*	부위(주로 인체에 많이 사용)
14	不同	bùtóng	*adj.*	다른, 같지 않은
15	补充	bǔchōng	*n./ v.*	보충(하다)

[Text 4-10] 复合型皮肤(fù hé xíng pí fū)

(复合型皮肤类型: 例 1)
(fù hé xíng pí fū lèi xíng: lì 1)
我觉得您的皮肤是混合性皮肤.
wǒ jué de nín de pí fū shì hùn hé xìng pí fū.
您的皮肤出现了油性和干性的状态.
nín de pí fū chū xiàn le yóu xìng hé gàn xìng de zhuàng tài.
即(也就是说)您的脸中特别是在鼻子和 T 字区部位是油性的,
jí (yě jiù shì shuō) nín de liǎn zhōng tè bié shì zài bí zi hé T zì qū bù wèi shì yóu xìng de,
额头和脸颊是干性的皮肤.
é tóu hé liǎn jiá shì gàn xìng de pí fū.

(复合型皮肤类型: 例 2)
(fù hé xíng pí fū lèi xíng: lì 2)
您的皮肤类型是混合性皮肤.
nín de pí fū lèi xíng shì hùn hé xìng pí fū.
您的皮肤是油性和干性的.
nín de pí fū shì yóu xìng hé gàn xìng de.
特别是鼻子和 T 字区皮脂分泌旺盛.
tè bié shì bí zihé T zì qū pí zhǐ fēn mì wàn sheng.
额头和脸颊会有干燥的感觉.
é tóu hé liǎn jiá huì yǒu gān zào de gǎn jué.

(复合型皮肤类型: 例 3)
(fù hé xíng pí fū lèi xíng: lì 3)
为了皮肤状态均衡要进行管理.
wèi le pí fū zhuàng tài jūn héng yào jìn xíng guǎn lǐ.
要使用油性和干性部位两个不同类型的面膜.
yào shǐ yòng yóu xìng hé gàn xìng bù wèi liǎng ge bù tóng lèi xíng de miàn mó.
您的 T 字区要使用去角质的面膜.
nín de T zì qū yào shǐ yòng qù yào jiǎo zhì de miàn mó.
额头和脸颊要使用补充水分的面膜.
é tóu hé liǎn jiá yào shǐ yòng bǔ chōng shuǐ fēn de miàn mó.

피부관리

(복합성 피부 유형: 예 1)

제 생각에는 고객님의 피부는 복합성 피부에 해당합니다.

고객님의 피부는 지성과 건성이 모두 나타납니다.

즉 고객님의 얼굴 중 특히 코와 미간의 T존 부위는 지성이고,

이마와 볼은 건성입니다.

(복합성 피부 유형: 예 2)

고객님의 피부 유형은 복합성 피부에 해당합니다.

고객님의 피부는 지성과 건성이 모두 나타나는데,

특히 코와 미간의 T존 위는 피지 분비가 많아 번들거리고,

이마와 볼은 건조하게 느껴지실 겁니다.

(복합성 피부 유형: 예 3)

피부 상태의 균형을 맞추기 위한 관리를 하겠습니다.

지성과 건성 부위에 따른 두 가지 다른 종류의 마스크를 적용하겠습니다.

고객님의 T존 부위에는 각질 제거 마스크를,

이마와 뺨에는 수분 공급을 위한 마스크를 사용하겠습니다.

11. 지성 피부(油性皮肤, yóu xìng pí fū)

[Words and Expressions 4-11]

1	缺水	quēshuǐ	*n./ v.*	수분 부족/ 물이 모자라다
2	例	lì	*n.*	예, 본보기
3	过多	guòduō	*adj.*	너무 많다
4	调和	tiáohé	*adj./ v.*	조화로운/ 조화롭다
5	最后	zuìhòu	*adv.*	마지막으로
6	担心	dānxīn	*v.*	걱정하다, 염려하다
7	痘痘	dòudòu	*n.*	여드름
8	过剩	guòshèng	*n./v.*	과잉(되다)
9	脱水	tuōshuǐ	*n./v.*	탈수(하다), 건조(하다)
10	导致	dǎozhì	*v.*	야기하다, 초래하다
11	不足	bùzú	*adj./v.*	부족한, 모자란/ ~하기에 부족하다
12	充分	chōngfèn	*adj./ adv.*	충분한/ 충분히
13	协调	xiétiáo	*adj./ v.*	조화로운/ 조화하다, 협조하다
14	黑头	hēitóu	*n.*	블랙헤드
15	存在	cúnzài	*n./v.*	존재(하다)
16	问题	wèntí	*n.*	문제, 질문
17	推荐	tuījiàn	*v.*	추천하다
18	深层	shēncéng	*n./ adj.*	심층/ 깊은
19	清洁	qīngjié	*adj./ v.*	청결한(하다), 깨끗한(하다)
20	接下来	jiēxiàlái		다음은, 이하는
21	丰富	fēngfù	*adj./ v.*	풍부한(하다), 많은(많다)

[Text 4-11] 油性皮肤[(yóu xìng pí fū)

(油性皮肤类型: 例 1)
(yóu xìng pí fū lèi xíng: lì 1)
您的皮肤类型是油性.
nín de pí fū lèi xíng shì yóu xìng.
皮脂分泌过多, 但皮肤干燥.
pí zhǐ fēn mì guò duō, dàn pí zhǐ gān zào.
就是皮肤缺水.
jiù shì pí fū quē shuǐ.
所以您需要皮脂和水分的调和.
suǒ yǐ nín xū yào pí zhǐ hé shuǐ fēn de tiáo hé.
最后是担心T字区部位的痘痘.
zuì hòu shì dān xīn T zì qū bù wèi de dòu dòu.

(油性皮肤类型: 例 2)
(yóu xìng pí fū lèi xíng: lì 2)
您的皮肤是油性.
nín de pí zhǐ shì yóu xìng.
皮脂分泌过剩, 但脱水导致水分不足.
pí zhǐ fēn mì guò shèng, dàn tuō shuǐ dǎo zhì shuǐ fēn bù zú.
您需要充分地水分和皮脂分泌地协调.
nín xū yào chōng fèn de shuǐ fēn hé pí zhǐ fēn mì de xié tiáo.
特别担心 T 字区部位的黑头.
tè bié dān xīn T zì qū bù wèi de hē itóu.

(油性皮肤类型: 例 3)
(yóu xìng pí fū lèi xíng: lì 3)
您的皮肤可能存在过多皮脂和水分不足的问题.
nín de pí fū kě néng cún zào guò duō pí zhǐ hé shuǐ fēn bù zú de wèn tí.
首先, 要去除皮脂, 作为第一个面膜推荐深层清洁面膜.
shǒu xiān, xiǎng yào qù chú pí zhǐ, zuò wéi dì yī ge miàn mó tuī jiàn shēn céng qīng jié miàn mó.
接下来将使用丰富补水的面膜.
jiè xià lái jiāng shǐ yòng fēng fù bǔ shuǐ de miàn mó.

지성 피부

(지성 피부 유형: 예 1)

고객님의 피부 유형은 지성입니다.

피지는 많이 분비되는데 피부는 건조합니다.

즉 피부에 수분이 부족합니다.

그래서 고객님은 피부에 피지와 수분의 조화가 필요합니다.

마지막으로 T존 부위에 있는 여드름이 염려됩니다.

(지성 피부 유형: 예 2)

고객님의 피부는 지성입니다.

피지는 과잉 분비되는데 탈수 때문에 수분은 부족합니다.

고객님은 충분한 수분과 피지 분비의 조화가 필요합니다.

특히 T존 부위의 블랙 헤드가 염려됩니다.

(지성 피부 유형: 예 3)

아마도 고객님의 피부는 과잉 피지와 수분 결핍이 문제일 것입니다.

우선 피지 제거를 하고 첫 번째 마스크로 딥 클렌징 마스크를 추천하고 싶습니다.

그 다음으로는 풍부한 수분 공급을 위해 마스크를 하겠습니다.

12. 민감성 피부(敏感性皮肤, **mǐn gǎn xìng pí fū**)

[Words and Expressions 4-12]

1	敏感	mǐngǎn	*adj.*	민감한
2	脸颊	liǎnjiá	*n.*	빰, 볼
3	部分	bùfen	*n.*	부분, 일부
4	专家	zhuānjiā	*n.*	전문가
5	观点	guāndiǎn	*n.*	관점, 입장
6	选择	xuǎnzé	*n./ v.*	선택(하다)
7	相应	xiāngyìng	*v.*	서로 맞다, 어울리다
8	增加	zēngjiā	*n./ v.*	증가(하다), 추가(하다)
9	减少	jiǎnshǎo	*v.*	감소하다
10	步骤	bùzhòu	*n.*	단계, 순서
11	毛细血管	máoxìxuèguǎn	*n.*	모세혈관
12	膨胀	péngzhàng	*n.*	팽창하다
13	破裂	pòliè	*v.*	파열하다, 깨지다
14	原因	yuányīn	*n.*	원인
15	避免	bìmiǎn	*v.*	피하다, 모면하다
16	过程	guòchéng	*n.*	과정
17	刷子机器	shuāzijīqì	*n.*	브러쉬 기기
18	组织	zǔzhī	*n./ v.*	조직(하다), 구성(하다)
19	蒸汽	zhēngqì	*n.*	수증기,
20	毛巾	máojīn	*n.*	수건, 타월

[Text 4-12] 敏感性皮肤(mǐn gǎn xìng pí fū)

(敏感性皮肤类型: 例1)
(mǐn gǎn xìng pí fū lèi xíng: lì 1)
脸部部位的皮肤温度比体温高, 脸颊部分红色,
liǎn bù bù wèi de pí fū wēn dù bǐ tǐ wēn gāo,
因此是敏感性皮肤.
liǎn jiá bù fen hóng sè, yīn cǐ shì mǐn gǎn xìng pí fū.
为您推荐适合您的肌肤状态的皮肤管理.
wèi nín tuī jiàn shì hé nín de jī fū zhuàng tài de pí fū guǎn lǐ.
专家的观点是, 您对您的皮肤状态.
zhuān jiā de guān diǎn shì, nín duì nín de pí fū zhuàng tài.
要选择最适合部位的产品或者皮肤管理.
yào xuǎn zé zuì shì hé bù wèi de chǎn pǐn huò zhě pí fū guǎn lǐ.
并相应地增加或减少一些步骤.
bìng xiāng yìng de zēng jiā huò jiǎn shǎo yì xiē bù zhòu.

(敏感性皮肤类型: 例 2)
(mǐn gǎn xìng pí fū lèi xíng: lì 2)
您的鼻子两边和脸颊是红色的.
nín de bí zi liǎng biān hé liǎn jiá shì hóng sè de.
这是毛细血管膨胀或破裂的原因.
zhè shì máo xì xuè guǎn péng zhàng huò pò liè de yuán yīn.
于是我们避免了刺激皮肤的过程和护理,
yú shì wǒ men bì miǎn le cì ji pí fū de guò chéng hé hù lǐ.
请不要使用刷子机器, 深层组织按摩, 蒸汽和热毛巾等.
qǐng bú yào shǐ yòng shuā zi jī qì, shēn céng zǔ zhī àn mó, zhēng qì hé rè. máo jīn děng.

민감성 피부

(민감성 피부 유형: 예 1)

얼굴 부위의 피부 온도가 체온보다 높고 볼 부위가 붉은 것으로 보아

민감성 피부입니다.

고객님의 피부 상태에 알맞은 피부 관리를 추천해드리겠습니다.

전문가적 견해로는 고객님은 고객님의 피부상태나 부위에 가장 잘 맞는

제품이나 피부 관리를 선택해야합니다.

또 거기에 맞게 어떤 과정들은 더하거나 뺄 수도 있습니다.

(민감성 피부 유형: 예 2)

고객님의 코 양쪽 부분과 뺨이 붉은데요.

이것은 팽창되거나 파열된 모세혈관이 원인으로 보입니다.

그래서 저희는 피부를 자극하는 과정이나 관리는 피하고,

브러시 기계나 심층 조직 마사지, 스팀과 뜨거운 타월 등은 사용하지 않겠습니다.

13. 피부관리 준비(皮肤护理准备, pí fū guǎn lǐ zhǔn bèi)

[Words and Expressions 4-13]

1	佩戴	pèidài	*v.*	(장신구를) 달다, 착용하다
2	宝石类	lèibǎoshí	*n.*	보석류
3	戒指（儿）	jièzhi(r)	*n.*	반지
4	手镯	shǒuzhuó	*n.*	팔찌
5	耳环	ěrhuán	*pron.*	귀걸이
6	项链	xiàngliàn	*pron.*	목걸이
7	手表	shǒubiǎo	*n.*	손목시계
8	摘	zhāi	*v.*	벗다, 벗기다, 뜯다, 따다
9	掉	diào	*v.*	떨어뜨리다, 빠뜨리다, 내리다
10	贵重	guìzhòng	*adj.*	귀중한
11	放	fàng	*v.*	풀어 놓다, 놓아 주다
12	保管箱	bǎoguǎnxiāng	*n.*	보관함, 사물함
13	衣服	yīfu	*n.*	옷, 의복
14	进来	jìnlái	*v.*	들어오다
15	床单(儿)	chuángdān(r)	*n.*	시트, 침대보
16	盖	gài	*n./ v.*	덮개, 뚜껑/ 덮다, 씌우다
17	裹紧	guǒjǐn	*v.*	단단히 싸다
18	松开	sōngkāi	*v.*	풀다, 풀어지다
19	防止	fángzhǐ	*v.*	방지하다
20	头围	tóuwéi	*n.*	머리둘레

[Text 4-13] 皮肤护理准备(pí fū guǎn lǐ zhǔn bèi)

皮肤美容师: 请把现在佩戴的宝石类(戒指, 手镯, 耳环, 项链, 手表)暂时摘掉.
qǐng bǎ xiàn zài pèi dài de bǎo shí lèi (jiè zhǐ, shōu zhuó, ěr huán, xiàng liàn, shǒu biǎo) zàn shí zhāi diào.
请将宝石和贵重物品放入保管箱中.
qǐng jiāng bǎo shí hé guì zhòng wù pǐn fang rù bǎo guǎn xiāng zhōng.

顾客: 好的. 谢谢.
hǎo de. xiè xiè.

皮肤美容师: 请换上衣服, 准备好的话告诉我
qǐng huàn shàng yī fu, zhǔn bèi de huà gào su wǒ.

顾客: Anna, 我准备好了. 可以进来了.
Anna, wǒ zhǔn bèi hǎo le. kě yǐ jìn lái le.

皮肤美容师: 下面用床单把身体盖上. 裹紧还是松开?
xià miàn yòng chuáng dān bǎ shēn tǐ gài shàng. guǒ jǐn hái shì song kāi?

顾客: 请包好.
qǐng bāo hǎo.

皮肤美容师: 为了防止东西沾到头发上, 先用毛巾把头围上.
wèi le fang zhǐ dōng xi zhān dào tóu fà shàng, xiān yòng máo jīn bǎ tóu wéi shàng.

피부관리 준비

피부미용사: 이제, 지금 착용하고 있는 보석류(반지, 팔찌, 귀걸이, 목걸이, 시계)를 빼 주십시오.

그리고 보석과 귀중품은 여기 보관함 속에 넣어주십시오.

고　객: 알았습니다. 감사합니다.

피부미용사: 이 가운으로 갈아입으시고, 준비가 되면 알려 주십시오.

고　객: 안나씨, 준비가 다 되었는데요. 들어오셔도 돼요.

피부미용사: 이제 시트로 몸을 덮어드리겠습니다. 단단하게 덮을까요? 아니면 느슨하게 할까요?

고　객: 단단히 싸주세요.

피부미용사: 머리카락 사이로 아무것도 들어가지 못하게 먼저 머리를 타월로 두르겠습니다.

14 클렌징(面部清洁, miàn bù qīng jié)

[Words and Expressions 4-14]

1	奶油	nǎiyóu	*n.*	크림, 버터
2	擦脸	cāliǎn	*v.*	얼굴을 닦다
3	戴	dài	*v.*	(얼굴, 팔, 손 등에) 착용하다, 쓰다
4	隐形眼镜	yǐnxíngyǎnjìng	*n.*	콘택트렌즈
5	卸妆水	xièzhuāngshuǐ	*n.*	클렌징 워터
6	擦拭	cāshì	*v.*	닦다
7	唇妆	chúnzhuāng	*n.*	립메이크업, 입술 화장
8	闭上	bìshang	*v.*	감다, 닫다, 다물다, 끄다
9	眼皮(儿)	yǎnpí(r)	*n.*	눈꺼풀
10	眉毛	méimao	*n.*	눈썹
11	向上	xiàngshàng	*v.*	위로 향하다
12	睁开	zhēngkāi	*v.*	(눈을)뜨다
13	卸掉	xièdiào	*v.*	지우다
14	嘴唇	zuǐchún	*n.*	입술
15	嘴巴	zuǐba	*n.*	입
16	乳液	rǔyè	*n.*	로션, 유액
17	洗面奶	xǐmiànnǎi	*n.*	클렌징 크림
18	结束	jiéshù	*n./ v.*	종료, 종결/ 끝나다, 마치다
19	继续	jìxù	*n./ v.*	계속(하다), 연속(하다)
20	直接	zhíjiē	*n./ adj.*	직접(의), 직접적(인)
21	喷洒	pēnsǎ	*v.*	(분무기로)뿌리다
22	喷雾型	pēnwùxíng	*n.*	분무형, 스프레이 타입

[Text 4-14] 面部清洁(miàn bù qīng jié)

皮肤美容师: 我要用奶油类化妆品给您擦脸上的妆.
wǒ yào yòng nǎi yóu lèi huà zhuāng pǐng ěi nín cā liǎn shàng de zhuāng.
有没有戴隐形眼镜?
yǒu méi yǒu dài yǐn xíng yǎn jìng?

顾客: 没有.
méi yǒu.

皮肤美容师: 用卸妆水给您擦拭眼和唇妆.
yòng xiè zhuāng shuǐ gěi nín cā shì yǎn hé chún zhuāng.
请闭上眼睛.
qǐng bì shang yǎn jing.
先把眼皮和眉毛部分往下擦.
xiān bǎ yǎn pí hé méi mao bù fen wǎng xià cā.
然后请把眼睛向上睁开看我.
rán hòu qǐng bǎ yǎn jing xiàng shàng zhēng kāi kàn wǒ.
给您卸掉眼睛下面的妆.
gěi nín xiè diào yǎn jing xià miàn de zhuāng.

顾客: 好的.
hǎo de.

皮肤美容师: 用卸妆水给您擦嘴唇. 请闭上嘴巴.
yòng xiè zhuāng shuǐ gěi nín cā zuǐ chún. qǐng bì shàng zuǐ ba.
清除眼部和唇部的化妆.
qīng chú yǎn bù hé chún bù de huà zhuāng.
把乳液的洗面奶涂到整个脸部.
bǎ rǔ yè de xǐ miàn nǎi tú dào zhěng ge liǎn bù.
接下来为您擦洗面奶. 卸妆过程结束了.
jiē xià lái wèi nín cā xǐ miàn nǎi. xiè zhuāng guò chéng jié shù le.
我将继续接下来的过程.
wǒ jiàng jì xù jiē xià lái de guò chéng.

顾客: 谢谢.
xiè xiè.

皮肤美容师: 使用爽肤水.
shǐ yòng shuǎng fū shuǐ.
该产品是直接在脸上喷洒的喷雾型. 会冷.
gāi chǎn pǐn shì zhí jiē zài liǎn shàng pēn sǎ de pēn wù xìng. huì lěng.
请一定要闭上眼睛.
qǐng yí dìng yào bì shang yǎn jing.

클렌징

피부미용사: 크림 타입 화장품을 이용하여 얼굴 화장을 닦아드리겠습니다.

혹시 콘텍트렌즈를 착용 하셨나요?

고　객: 아니요.

피부미용사: 눈과 입술 화장 리무버를 사용하여 닦아내겠습니다.

눈을 감아주세요. 먼저 눈꺼풀과 눈썹 부분을 아래로 닦아 내리겠습니다.

다음은 눈을 위로 떠 저를 보세요.

눈 아래 부분의 메이크업을 지우겠습니다.

고　객: 알았습니다.

피부미용사: 입술에 리무버를 바르겠습니다. 입을 다물어 주세요.

눈과 입술 부분의 메이크업을 지우겠습니다.

크림타입의 클렌저를 얼굴 전체에 바르겠습니다.

다음으로 클렌저를 닦아내겠습니다.

화장 지우기 과정이 끝났습니다.

다음 과정을 계속 진행하겠습니다.

고　객: 고맙습니다.

피부미용사: 토너를 사용하겠습니다.

이 제품은 얼굴에 직접 분사하는 스프레이 형입니다. 차가울 수 있습니다.

눈을 꼭 감아주세요.

15. 얼굴관리 프로그램(面部护理项目, miàn bu hù lǐ xiàng mù)

[Words and Expressions 4-15]

1	治愈	zhìyù	*v.*	치유하다
2	皱纹(儿)	zhòuwén(r)	*n.*	주름, 구김
3	组成	zǔchéng	*v.*	구성하다, 조성하다
4	抗老化	kànglǎohuà	*n.*	노화방지
5	芳香疗法	fāngxiāngliáofǎ	*n.*	향기요법, 아로마테라피
6	详细	xiángxì	*adj.*	상세한, 자세한
7	天然精油	tiānránjīngyóu	*n.*	천연오일
8	精油精华	jīngyóujīnghuá	*n.*	에센셜오일
9	并且	bìngqiě	*conj.*	또한, 그리고, 게다가
10	确保	quèbǎo	*n./ v.*	확보(하다)
11	安全性	ānquánxìng	*n.*	안전성
12	有机	yǒujī	*adj.*	유기농의

[Text 4-15] 面部护理项目(miàn bu hù lǐ xiàng mù)

经理: 您好, 我是治愈皮肤管理室Marion.
nín hǎo wǒ shì zhì yù pí fū guǎn lǐ shì Marion.
有什么需要帮助的吗?
yǒu shén me xū yào bang zhù de ma?

顾客: 你好. 有哪些种类的面部护理?
nǐ hǎo. yǒu nǎ xiē zhǒng lèi de miàn bù hù lǐ?

经理: 我们有3种面部护理项目. 一般项目有两种.
wǒ men yǒu sān zhǒng miàn bu hù lǐ xiàng mù. yì bān xiàng mu yǒu liǎng zhǒng.
60分钟管理由皮肤分析, 去角质, 运动按摩和改善皱纹管理组成.
liù shí fēn zhōng guǎn lǐ yóu pí fū fēn xì, qù jué zhì, yùn dòng àn mò hé gǎi shàn zhòu wén guǎn lǐ zǔ chéng.
价格是十四万元.
jià gé shì shí sì wàn yuán.
80分钟管理包括解毒, 抗老化, 韩式按摩, 包括头皮和脚按摩.
bā shí fēn zhōng guǎn lǐ bāo kuò jiě dú, kàng lǎo huà, hán shì àn mó, bāo kuò tóu pí hé jiǎo àn mó.
价格是二十万元.
jià gé shì èr shí wàn yu án.
特别按摩由芳香疗法和敏感性皮肤和混合性皮肤的Sweedish按摩组成.
tè bié àn mó yóu fang xiāng liáo fǎ hé mǐn gǎn xìng pí fū hé hùn hé xìng pí fū de Swedish àn mó zǔ chéng.
价格是二十万元.
jià gé shì èr shí wàn yuán.

顾客: 能更详细地说明一下特别管理吗?
néng gèng xiáng xì de shuō míng yí xià tè bié guǎn lǐ ma?

经理: 是. 好的. 芳香疗法使用天然精油和精油精华.
shì. hǎo de. fāng xiāng liáo fǎ shǐ yòng tiān rán jīng yóu hé jīng yóu jīng huá.
并且在按摩中使用确保安全性的有机化妆品.
bìng qiě zài àn mó zhōng shǐ yòng ān quán xìng de yǒu jī huà zhuāng pǐn.

顾客: 我对特别管理很感兴趣.
wǒ duì tè bié guǎn lǐ hěn gǎn xìng qù.
后天能为我订个时间吗?
hòu tiān néng wèi wǒ ding ge shí jiān ma?

经理: 今天是星期一. 稍等一下.
jīn tiān shì xīng qī yī. shāo děng yí xià.
预约时间星期三上午10点怎么样?
yù yuē shí jiān xīng qī sān shàng wǔ shí diǎn zěn me yàng?

顾客: 好的, 谢谢你的帮助. 再见.
hǎo de, xiè xiè nǐ de bang zhù. zài jiàn.

经理: 谢谢您的来电. 星期三见吧. 再见.
xiè xie nín de lái diàn. xīng qī sān jiàn ba. zài jiàn.

얼굴관리 프로그램

매니저: 힐링 피부 관리실 Marion입니다. 무엇을 도와드릴까요?

고　객: 안녕하세요. 어떤 종류의 얼굴관리가 있나요?

매니저: 저희는 3가지 얼굴관리 프로그램이 있습니다.

일반적인 프로그램은 2가지 입니다.

60분 관리는 피부분석, 각질제거, 스웨디시 마사지와 주름개선 관리로 구성되어 있습니다.

가격은 14만 원입니다.

80분 관리는 해독, 항노화관리, 한국형 마사지에 두피와 발마사지가 포함되어 있습니다.

가격은 20만 원입니다.

특별마사지는 아로마요법과 민감성 피부와 복합성 피부를 위한 스웨디시 마사지로 구성되어 있습니다.

가격은 20만 원입니다.

고　객: 그런데 질문 하나가 더 있습니다.

특별 관리에 대해서 좀 더 상세하게 설명해 주시겠어요?

매니저: 네 물론이죠. 아로마요법에는 천연 에센셜오일과 캐리어오일이 사용됩니다.

그리고 메뉴얼 마사지에는 안정성이 확보된 유기농 화장품이 사용됩니다.

고　객: 저는 특별관리에 관심이 있습니다.

모레 저를 위해서 약속을 잡아주시겠어요?

매니저: 오늘은 월요일이고요. 잠깐만 기다려 주세요.

예약시간이 수요일 오전 10시가 어떠신지요?

고　객: 네 좋습니다. 도와주셔서 감사합니다. 안녕히 계세요.

매니저: 전화 주셔서 감사합니다. 수요일에 뵙겠습니다. 안녕히 계세요.

부록

1. 미용 기본 단어

(1) 헤어 용어

长袍	cháng páo	가운
头模	tóu mó	민두
支架	zhī jià	홀더
发卷	fà juàn	로드
尼亚加拉发卷	ní yà jiā lā fà juàn	나이아가라로드
梳子	shū zǐ	빗
挑梳 尖尾梳	tiāo shū jiān wěi shū	커트빗 꼬리빗
吹风梳	chuī fēng shū	드라이빗
剪发	jiǎn fà	자르다 컷트
吹风	chuī fēng	드라이
卷发棒	juǎn fà bàng	원형아이론
负离子吹风机	fù lí zǐ chuī fēng jī	이온헤어드라이
直发棒	zhí fà bàng	매직기
护发电热帽	hù fà diàn rè mào	트리트먼트캡
理发剪	lǐ fà jiǎn	이발용컷트
理发器	lǐ fà qì	헤어클리퍼
美发牙剪刀	měi fā yá jiǎn dāo	샤기틴닝가위

剪刀包	jiǎn dāo bāo	가위케이스
刮脸刀	guā liǎn dāo	레자기
充电推剪	chōng diàn tuī jiǎn	바리깡
染发剂	rǎn fà jì	염모제
染发	rǎn fà	염색
盘发	pán fà	올림머리
镜子	jìng zǐ	거울
烫发	tàng fà	파마
头发	tóu fà	머리카락
小)册子	(xiǎo) cè zǐ	책자
洗发台	xǐfà tái	샴푸대
美发工具车	měi fà gōng jù chē	컷트윙 츄레이
美发椅	měi fà yǐ	미용의자
漂发	piǎofà	탈색
护发素	hù fà sù	트리트먼트
彩色发膜	cǎi sè fà mó	헤어매니큐어
摩丝	mó sī	헤어무스
定型水	dìng xíng shuǐ	스프레이
发蜡	fà là	왁스
发胶	fà jiāo	젤
头发造型	tóu fà zào xíng	헤어손질
鬓角	bìn jiǎo	구렛나루
美甲	měi jiǎ	네일아트

(2) 헤어 종류

陶瓷烫	táo cí tàng	셋팅파마
数码烫	shù mǎ tàng	디지털파마
纹理烫	wén lǐ tàng	텍스쳐파마
锡纸烫	xī zhǐ tàng	호일파마
手指卷发	shǒu zhǐ juàn fà	핀컬파마
挑烫	tiāo tàng	위빙파마
泡面烫	pào miàn tàng	다이렉트나이아가라파마
娃娃烫	wá wá tàng	베이비파마
逆梳	nì shū	백콤
刘海	liú hǎi	뱅
编发	biān fà	브레이드
大分区	dà fèn qū	블로킹
刀削发型	dāo xiāo fà xíng	샤기컷스타일
半长	bàn cháng	세미롱
分区	fèn qū	섹션
剪影	jiǎn yǐng	실루엣
上卷	shàng juàn	와인딩
接发	jiē fà	익스텐션
马尾辫	mǎ wěi biàn	포니테일

(3) 메이크업 용어

眼影	yăn yĭng	아이섀도우
唇膏	chún gāo	립글로즈
口红	kŏu hóng	립스틱
腮红	sāi hóng	볼터치
散粉	sàn fĕn	가루파우더
粉底	fĕn dĭ	파운데이션
眼线膏	yăn xiàn gāo	젤아이라이너
眼线液	yăn xiàn yè	잉크아이라이너
眼线笔	yăn xiàn bĭ	펜슬아이라이너
睫毛膏	jié máo gāo	마스카라
唇线笔	chún xiàn bĭ	립펜슬
阴影	yīn yĭng	쉐딩
高光	gāo guāng	하이라이터
T字区	Tzì qū	T존부위
Uv字区	U v zì qū	Uv존
鼻梁	bí liáng	콧대
山根	shān gēn	코벽
眼窝	yăn wō	아이홀
眼梢	yăn shāo	눈꼬리
眉头	méi tóu	눈썹머리
眉峰	méi fēng	눈썹산

眉尾	méi wěi	눈썹꼬리
颧骨	quán gǔ	광대뼈
嘴角	zuǐ jiǎo	구각
唇峰	chún fēng	입술산
唇线	chún xiàn	입술선
韩服	hán fú	한복
礼服	lǐ fú	드레스
日常装	rì cháng zhuāng	평상복

(4) 피부관리

皮肤管理	pí fū guǎn lǐ	피부관리
脸部管理	liǎn bù guǎn lǐ	얼굴관리
足部管理	zú bù guǎn lǐ	발관리
背部管理	bēi bù guǎn lǐ	등관리
肥胖管理	féi pàng guǎn lǐ	비만관리
油性	yóu xìng	지성
复合性	fù hé xìng	복합성
敏感性	mǐn gǎn xìng	민감성
严重的	yán zhòng de	심한
轻微的	qīng wēi de	가벼운
一般	yī bān	보통
皮肤类型	pí fū lèi xíng	피부타입
发际线	fā jì xiàn	페이스라인
头顶	tóu dǐng	정수리
眼睛	yǎn jīng	눈
嘴巴	zuǐ bā	입술
鼻子	bí zǐ	코
眉毛	méi máo	눈썹
头发	tóu fà	머리카락
手	shǒu	손
脚	jiǎo	발
腿	tuǐ	다리

2. 미용 기구 및 화장품

(1) 전문가용 18종 고급브러시

专用十八种高级化妆刷

[zhuān yòng shí bā zhǒng gāo jí huà zhuāng shuā]

(2) 아이섀도우 – 펄섀도우, 크림섀도우

眼影 –珠光眼影,膏状眼影

[yǎn yǐng –zhū guāng yǎn yǐng, gāo zhuàng yǎn yǐng]

(3) 립스틱, 립글로즈, 립밤

口红, 唇彩, 唇膏

[koǔ hóng, chún caǐ, chún gāo]

(4) 치크블러셔 -살구색, 핑크색

腮红–杏色, 粉色

[saī hóng -xìng sè, fěn sè]

(5) 파운데이션 – 리큐드, 스틱

粉底–粉底液, 粉底膏

[fĕn dĭ -fĕn dĭ yè,fĕn dĭ gāo]

(6) 아이라이너 (블랙, 브라운)–젤, 펜슬

眼线 (黑色, 棕色) –眼线膏, 眼线笔

[yăn xiàn (heī sè,zōng sè)-yăn xiàn gāo,yăn xiàn bĭ]

(7) 마스카라 (블랙)

睫毛膏(黑色)

[jié máo gāo (heī sè)]

(8) 립라이너펜슬

唇线笔

[chún xiàn bǐ]

(9) 아이펜슬

眼线笔

[yǎn xiàn bǐ]

(10) 쉐딩

阴影

[yīn yǐng]

(11) 하이라이트

高光

[gāo guāng]

(12) 퍼프, 뷰러, 면봉, 족집게, 눈썹칼

粉扑, 睫毛夹, 棉棒, 镊子, 修眉刀

[fěn pū, jié máo jiā, mián bàng, niè zī, xiū meí dāo]

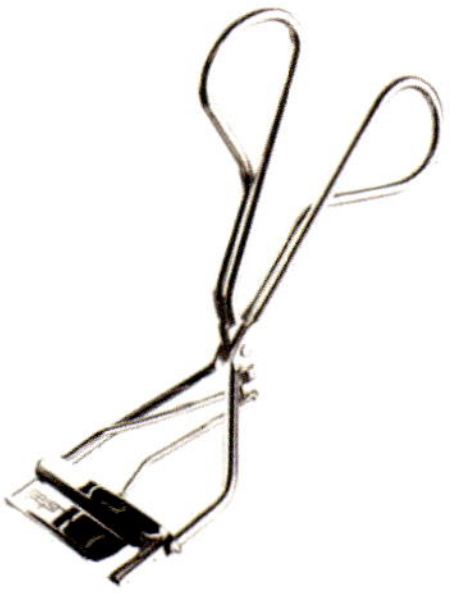

3. 색의 종류

관용색명	먼셀표기	영문색명	중문색명	중문병음
벚꽃색	2.5R 9/2	cherry blossom	樱花色	yīng huā sè
상록수색	10G 3/8	every green	常绿树色	cháng lǜ sè
황토색	10YR 6/10	yellow ocher	土黄色	tǔ huáng sè
루비색	2.5R 3/10	ruby	红宝石色	hóng bǎo shí sè
청록	10BG 3/8	blue green	青绿色	qīng lǜ sè
호두색	10YR 5/6	walnut	核桃色	hé tao sè
베이비 핑크	5R 8/4	baby pink	浅粉色	qiǎn fěn sè
하늘색	7.5B 8/4	sky blue	天蓝色	tiān lán sè
세피아	110YR 2/2	sepia	深褐色	shēn hè sè
딸기색	5R 4/14	strawberry	草莓色	cǎo méi sè
셀룰리안블루	7.5B 7/8	cerulean blue	蔚蓝色	wèi lán sè
해바라기색	2.5Y 8/14	sunflower	向日葵色	xiàng rì kuí sè
장미색	5R 3/10	rose	玫瑰色	méi gui sè
파우더 블루	10B 8/4	powder blue	浅蓝色	qiǎn lán sè
금발색	2.5Y 7/6	blond	金发色	jīn fà sè
와인레드	5R 2/8	wine red	红酒色	hóng jiǔ sè
박하색	2.5PB 9/2	mint	薄荷色	bò he sè
베이지그레이	2.5Y 7/6	beige gray	米灰色	mǐ huī sè
산호색	5R 2/8	coral	珊瑚色	shān hú sè
프러시안블루	2.5PB 9/2	prussian blue	普鲁士蓝	pǔ lǔ shì lán
청동색	2.5Y 7/1	bronze	青铜色	qīng tóng sè
토마토색	7.5R 7/8	tomato	西红柿色	xīhóng shì sè
비둘기색	5PB 6/2	dove	鸽子色	gē zi sè

관용색명	먼셀표기	영문색명	중문색명	중문병음
크림색	5Y 9/4	cream	奶油色	nǎi yóu sè
석류색	7.5R 3/10	pomegranate	石榴色	shí liu sè
사파이어색	5PB 3/6	sapphire	蓝宝石色	lán bǎo shí sè
상아색	5Y 9/2	ivory	象牙色	xiàng yá sè
주색	10R 5/16	vermillion	朱红色	zhū hóng sè
라벤더색	7.5PB 7/6	lavender	薰衣草色	xūn yī cǎo sè
노랑	5Y 8.5/14	yellow	黄色	huáng sè
주황	2.5YR 6/14	orange	橘黄色	jú huáng sè
남색	7.5PB 7/6	bluish violet	蓝紫色	lán zǐ sè
바나나색	5Y 8.5/14	banana	香蕉色	xiāng jiāo sè
감색(과일)	2.5YR 6/14	persimmon	柿子色	shì zi sè
보라	5P 3/10	purple	紫色	zǐ sè
레몬색	7.5Y 8.5/12	lemon	柠檬色	níng méng sè
코코아색	2.5YR 3/4	cocoa	可可色	kě kě sè
마젠타	5RP 5/14	magenta	洋红色	yáng hóng sè
황녹색	10Y 6/10	yellowish green	黄绿色	huáng lǜ sè
갈색	5YR 4/8	brown	棕色	zǒng sè
자주	7.5RP 3/10	reddish purple	红紫色	hóng zǐ sè
풀색	5GY 5/8	grass green	草绿色	cǎo lǜ sè
초콜릿색	5YR 2/2	chocolate	巧克力色	qiáo kè lì sè
로즈핑크	10RP 7/8	rose pink	玫粉色	méi fěn sè
올리브그린	5GY 3/4	olive green	橄榄绿色	gǎn lǎn lǜ sè
귤색	7.5YG 7/14	tangerine	橘红色	jú hóng sè
하양(흰색)	N9.5	white	白色	bái sè
잔디색	7.5GY 5/8	lawn(green)	草坪色	cǎo píng sè

관용색명	먼셀표기	영문색명	중문색명	중문병음
가죽색	7.5YR 6/6	buff	浅黄褐色	qiǎn huáng hè sè
은회색	N8.5	silver gray	银灰色	yín huī sè
멜론색	10GY 8/6	melon	甜瓜色	tián guā sè
커피색	7.5YR 3/4	coffe	咖啡色	kā fēi sè
회색	N5	gray	灰色	huī sè
에메랄드 그린	5G 5/8	emerald green	翡翠绿色	fěi cuì lǜ sè
진주색	10YR 9/1	pearl	珍珠色	zhēn zhū sè
검정(검은색)	N0.5	black	黑色	hēi sè
호박색(채소)	10YR 7/14	pumpkin	南瓜色	nán guā sè
카네이션 핑크	2.5R 8/6	carnation pink	康乃馨粉色	kāng nǎi xīn sè
피콕그린	7.5BG 3/8	peacock green	孔雀绿色	kǒng què lǜ sè
황갈	10YR 5/10	yellowish brown	黄褐色	huáng hè sè
크림슨	2.5R 3/10	crimson	绯红色	fēi hóng sè
물색	5B 7/6	aqua blue	水蓝色	shuǐ lán sè
점토색	10YR 4/4	clay	粘土色	nián tǔ sè
연지색	5R 5/12	madder red	胭脂色	yān zhi sè
시안	7.5B 6/10	cyan	青色	qīng sè
베이지	2.5Y 8.5/4	beige	米色	mǐ sè
카민	5R 4/12	carmine	深红色	shēn hóng sè
파스텔 블루	10B 8/6	pastel blue	粉蓝色	fěn lán sè
노른자색	2.5Y 5/4	yolk yellow	蛋黄色	dān huáng sè
자두색	5R 3/10	plum	梅子色	méi zi sè
스카이그레이	10B 8/2	sky gray	天灰色	tiān huī sè
모래색	2.5Y 7/2	sand	沙色	shā sè
복숭아색	7.5R 4/14	peach	桃红色	táo hóng sè

관용색명	먼셀표기	영문색명	중문색명	중문병음
파랑	2.5PB 4/10	blue	蓝色	lán sè
카키색	2.5Y 5/4	khaki	卡其色	kǎ qí sè
빨강	7.5R 4/14	red	红色	hóng sè
인디고 블루	2.5PB 2/4	indigo blue	靛蓝色	diàn lán sè
모카색	2.5Y 3/4	mocha	摩卡色	mó kǎ sè
사과색	7.5R 3/12	apple	苹果色	píng guǒ sè
코발트 블루	5PB 3/10	cobalt blue	钴蓝色	gǔ lán sè
연미색	5Y 9/2	mayonnaise	浅米色	qiǎn mǐ sè
새먼핑크	10R 7/8	salmon pink	橙红色	chéng hóng sè
감색	5PB 2/4	navy blue	深蓝色	shēn lán sè
우유색	5Y 9/1	milk	牛奶色	niú nǎi sè
적갈	10R 3/10	reddish brown	红褐色	hóng hè sè
군청	7.5PB 2/8	ultramarine blue	君青色	jūn qīng sè
개나리색	5Y 8.5/14	forsythia	连翘黄色	lián qiáo huáng sè
당근색	2.5YR 6/12	carrot	胡萝卜色	hú luó bo sè
라일락색	5P 8./4	lilac	浅紫色	qiǎn zǐ sè
겨자색	5Y 7/10	mustard	芥末色	jiè mò sè
구리색	2.5YR 6/14	copper	铜色	tóng sè
포도색	5P 3/6	grape	葡萄色	pú tao sè
참다래색(키위색)	7.5Y 4/6	kiwi	猕猴桃色	mí hoú taó sè
살구색	5YR 8/8	apricot	杏黄色	xìng huáng sè
진달래색	7.5RP 5/12	azalea	杜鹃花色	dù juān huā sè
올리브색	10Y 4/6	olive	橄榄色	gǎn lǎn sè
밤색	5YR 3/6	chestnut brown	栗褐色	lì hè sè
분홍	10RP 7/8	pink	粉色	fěn sè

관용색명	먼셀표기	영문색명	중문색명	중문병음
쑥색	5GY 4/4	artemisia(green)	蒿青绿色	hāo qīng lǜ sè
계란색	7.5YR 8/4	eggshell	蛋壳色	dàn ké sè
포도주색	10RP 2/8	wine	酒红色	jiǔ hóng sè
연두색	7.5GY 7/10	yellow green	豆绿色	dòu lǜ sè
호박색(광물)	7.5YR 6/10	amber	琥珀色	hú pò sè
흰눈색	N9.25	white snow	雪白色	xuě bái sè
대나무색	7.5GY 4/6	bamboo	竹色	zhú sè
캐러멜색	7.5YR 5/8	caramel	焦糖色	jiāo táng sè
시멘트색	N6	cement	水泥色	shuǐ ní sè
초록	2.5G 4/10	green	绿色	lǜ sè
흑갈	7.5YR 2/2	blackish brown	黑褐色	hēi hè sè
목탄색	N2	charcoal gray	炭灰色	tàn huī sè
옥색	7.5G 8/6	jade	翡翠色	fěi cuì sè

에센스 뷰티 중국어

2020년 1월 20일 초판 인쇄
2020년 1월 25일 초판 발행

저 자 박초희 · 한지수
펴낸이 주병오 · 주민기
발행처 메디시인

경기도 파주시 회동길 209
파주출판문화도시

마케팅팀 (031) 955－7566 · 7577
편집디자인팀 (031) 955－7731
FAX (031) 955－7730
홈페이지 www.ji-gu.co.kr
이메일 jigupub@hanmail.net

ISBN 979-11-86739-91-4

총판 (주)지구문화 값 22,000원

요일

	발음	뜻		병음	발음
星期一	xīngqīyī	월요일	年	nián	년
星期二	xīngqī'èr	화요일			
星期三	xīngqīsān	수요일	月	yuè	월
星期四	xīngqīs	목요일			
星期五	xīngqīwǔ	금요일	日	rì , 号 hào	일
星期六	xīngqīliù	토요일			
星期天	xīngqītiān	일요일	星期	xīngqī	요일

월, 달

	병음	발음		병음	발음
上上个月	shàngshànggèyuè	지지난달	上个月	shànggèyuè	지난달
这个月	zhègeyuè	이번달	下个月	xiàgèyuè	다음달
下下个月	xiàxiàgèyuè	다다음달			

지시대명사

	병음	발음		병음	발음
这	zhè	이~	那	nà	저~
哪	nǎ	어느~	这个	zhège	이것~
那个	nàge	저것, 그것	哪个	nǎge	어느것

방향

上 (边) [shàng (biān)] 위(쪽)	下 (边) [xià (biān)] 아래(쪽)	前 (边) [qián (biān)] 앞(쪽)	后 (边) [hòu (biān)] 뒤(쪽)
右 (边) [yòu (biān)] 오른(쪽)	左 (边) [zuǒ (biān)] 왼(쪽)	里 (边) [lǐ (biān)] 안(쪽)	外 (边) [wài (biān)] 바깥(쪽)
东 (边) [dōng (biān)] 동(쪽)	西 (边) [xī (biān)] 서(쪽)	南 (边) [nán (biān)] 남(쪽)	北 (边) [běi (biān)] 북(쪽)
旁边 [pángbiān] 옆	对面 [duìmiàn] 맞은편	中间 [zhōngjiān] 가운데, 중간	附近 [fùjìn] 근처, 부근